教育部人文社会科学研究青年基金项目研究成果（15YJCZH037）

|光明社科文库|

婴儿出生和死亡性别比双重失衡的影响和对策

杜 清◎著

光明日报出版社

图书在版编目（CIP）数据

婴儿出生和死亡性别比双重失衡的影响和对策 / 杜清著．--北京：光明日报出版社，2019.11
（光明社科文库）
ISBN 978-7-5194-5281-0

Ⅰ.①婴… Ⅱ.①杜… Ⅲ.①婴儿—性别—比例—研究—中国 Ⅳ.①C924.24②R195.3

中国版本图书馆 CIP 数据核字（2019）第 084462 号

婴儿出生和死亡性别比双重失衡的影响和对策
YINGER CHUSHENG HE SIWANG XINGBIEBI SHUANGCHONG SHIHENG DE YINGXIANG HE DUICE

著　　者：	杜　清		
责任编辑：	曹美娜　黄　莺	责任校对：	董小花
封面设计：	中联学林	责任印制：	曹　诤

出版发行：光明日报出版社
地　　址：北京市西城区永安路 106 号，100050
电　　话：010-63139890（咨询）　63131930（邮购）
传　　真：010-63131930
网　　址：http://book.gmw.cn
E - mail：caomeina@gmw.cn
法律顾问：北京德恒律师事务所龚柳方律师
印　　刷：三河市华东印刷有限公司
装　　订：三河市华东印刷有限公司
本书如有破损、缺页、装订错误，请与本社联系调换，电话：010-63131930

开　　本：	170mm×240mm		
字　　数：	132 千字	印　张：	11.5
版　　次：	2020 年 1 月第 1 版	印　次：	2020 年 1 月第 1 次印刷
书　　号：	ISBN 978-7-5194-5281-0		
定　　价：	78.00 元		

版权所有　　翻印必究

序

中国是世界上第一人口大国，人口众多既有优势也存在劣势，怎样能在发展中发挥优势、化解劣势，是治理者的重大命题。一个国家的发展主要靠人，这在改革开放后的四十年里曾经是我们的优势。长期作为国策之一的人口计划生育政策在我国社会经济的发展中做出了卓越的贡献，有效控制住人口规模，减轻了人口过快增长给资源和环境带来的压力。任何一项政策的实施都不可能尽善尽美，我们在赞许计划生育政策功绩的同时，也必须客观地评价政策实施带来的社会问题，比如婴儿性别比失衡、人口老龄化、男性婚姻挤压等。

虽然在计划生育政策持续实施和社会经济转型的过程中，绝大部分人群摒弃了多生子女的想法，但偏好男孩的思想却并未随之淡化，特别是在农村地区，这种重男轻女的思想仍然根深蒂固。中国是世界上为数不多的婴儿出生和死亡性别比双重失衡的国家之一，并且是婴儿出生和死亡性别比失衡程度最为严重的国家之一，失衡的结果是每年有几十万女胎和女婴"失踪"，女婴的生命权和生存权利被剥夺。我国现行的制度、文化、经济和政策体系，对女孩生存状况改善有许多负面的影响，在很多方面强化了性别不平等。

《婴儿出生和死亡性别比双重失衡的影响和对策》一书是2015年度教育部人文社会科学研究项目的研究成果，利用人口学、卫生管理、妇幼卫生、社会医学等多学科理论和方法，根据构建和谐社会和科学发展观的原则，研究婴儿出生和死亡性别比失衡的程度、规律、影响因素以及带来的社会问题，探索解决由婴儿出生和死亡性别比双重失衡引发的人口和社会问题的对策建议。

要想彻底解决性别失衡及其引发的社会问题，必须改变重男轻女的传统生育文化，改变人们偏好男孩的思想，这是根本之道。但人们观念和民俗文化的改变是一个长期的过程，需要通过法律、政策、教育、治理等多渠道全社会参与，可能要历经一代人甚至几代人。既然治本不能取得立竿见影的效果，我们就要坚持标本兼治。希望这本书能对治理婴儿性别比失衡、应对人口老龄化等表象以及转变根本的传统生育观念和文化有所裨益。

2018年10月

前 言

中国是一个拥有13亿多人口的大国，经过多年的努力，卫生事业得到了快速的发展，人口健康状况得到了很大的改善。2017年，我国医疗卫生机构总数量达到98.7万，公立医院占比39.6%，医疗卫生呈现出多元化发展趋势；每万人口执业（助理）医师为24.4人，每万人口医疗卫生机构床位数为57.2张；卫生总费用5.2万亿元，卫生总费用占国内生产总值（gross domestic product，GDP）比例为6.2%。2017年，婴儿死亡率为6.8‰，孕产妇死亡率为19.6/10万，人均预期寿命为76.7岁。在全世界194个国家中，中国的婴儿死亡率排在第71位，人均预期寿命排在第53位。

受计划生育政策的影响，我国的出生人口数从1992年开始下降，至2007年有所回升，2012年出生人口数回升到1544万，之后两年基本维持在1500万的水平。同样受计划生育政策的影响，中国的总和生育率（total fertility rate，TFR）非常低，在全世界

194个国家中排在第151位,从20世纪90年代开始降至世代更替水平（总和生育率为2.1）以下,此后长达20年一直低于1.5,2015年全国1%人口抽样调查数据显示总和生育率低至1。2013年"单独二孩"政策颁布后,出现了一个有趣的现象,出生人口数不升反降,2015年出生人口数降至1454万。"全面二孩"生育政策落实后,2016年新出生婴儿数出现增长,达到1846万,但2017年又略有下降,新生婴儿数为1758万,总和生育率回升至1.7。

我国出生性别比（男婴出生数/同期女婴出生数×100）的失衡已有近30年的时间,自20世纪80年代以来出生性别比不断上升,2004年创历史最高纪录121.2,其后略有下降,2010年第六次人口普查数据显示出生性别比又回升至121.2。受计划生育政策的影响,我国学者在人口学研究中对出生的关注远远超过死亡,近年来对出生性别比偏高现象的研究较多。然而死亡与健康直接相关,死亡率对政策变动的反应更加敏感,死亡率与生育率密切相关,尤其是婴儿死亡率,所以研究婴儿死亡对人口变动规律的把握具有重要意义。中国的婴儿死亡率逐年下降,但婴儿死亡率性别比失衡现象严重,女婴死亡率明显高于男婴死亡率。我们一般认为决定死亡性别差异的原因,主要有生物和社会两个方面。生物学因素决定了女性的存活率要普遍高于男性,生物学因素造成的现象无法消除,这是一种自然规律。社会因素是可以改变的,通过研究对策和干预措施,由社会因素造成的女婴死亡率水平高过男婴的现象是可以逐渐被消除的。中华人民共和国成立后,我国男性和女性人口数量差值始终保持在2000余万，到1982年这个数值首次突破3000万，2000年第五次人口普查发现男性人口比女性人口多出了4131万。

人口老龄化是人类社会最重大的成就之一，同时又是我们面临的一个最严峻的挑战。按照国际惯例，一个国家或地区65岁及以上人口占总人口的7%以上，或60岁及以上人口占总人口的10%以上，即被认为进入老龄化社会；而65岁及以上人口占总人口的比重达到14%以上，则标志着进入老龄社会。我国于1999年进入老龄化社会，仅用了18年时间就走完了西方发达国家近百年的人口老龄化进程，之后进入快速发展期，目前65岁及以上老年人口达到1.5亿。未富先老是我们区别于西方发达国家人口老龄化的主要特征之一，近年来虽然我国的经济体做大了，但经济结构还未调整至合理的结构，经济发展还不平稳，老龄化的加剧势必大大减少劳动力的数量，给经济的进一步发展带来制约。此外，高龄化和空巢化也是我国人口老龄化的两大特征，2015年，80岁以上高龄老人占老年人口的11.1%，高龄化增速超过人口老龄化速度，65岁以上空巢老人约占老年人口的25%。

性别比失衡伴随着的是女性生命权、生存权、发展权的破坏，家庭稳定受到挑战，社会和谐遭到威胁，至今仍然没有探索出非常行之有效的治理对策。我国人口与发展工作的重点已经逐渐由控制人口数量转向统筹解决人口问题，当前人口发展到了一个关键时期，人口老龄化程度逐年加重，其带来的社会问题已经开始凸显。育龄妇女是我国人口再生产的直接承担者，出生性别比和婴儿死亡率性别比的双重失衡导致女性人口所占比例减少，这势必将加快我国人口老龄化的进程，带来更多的社会问题。

要想解决这些困难，我们需要回答这样四个问题：一、中国的婴儿死亡率呈逐年下降趋势，下降的速率是否存在规律，什么时间能够下降至"谷底"？二、婴儿死亡率性别比和出生性别比未来的变化趋势如何？三、婴儿死亡率性别比、出生性别比与人口老龄化程度三者之间的关系如何？四、怎样解决婴儿死亡率性别比和出生性别比双重失衡带来的人口和社会问题？笔者通过教育部人文社科规划基金项目课题对提出的问题进行研究，利用人口学、卫生管理、妇幼卫生、社会医学等多学科理论和方法，根据构建和谐社会和科学发展观的原则，探索解决由婴儿死亡率性别比和出生比双重失衡引发的人口和社会问题的对策建议。

目 录
CONTENTS

第一章　婴儿生存状况 ……………………………… 1
　第一节　婴儿死亡率的变化趋势 …………………… 2
　第二节　婴儿死亡率的主要影响因素 ……………… 10

第二章　婴儿出生和死亡性别比双重失衡 ………… 25
　第一节　出生性别比失衡 …………………………… 25
　第二节　婴儿死亡性别比失衡 ……………………… 35
　第三节　婴儿出生与死亡性别比双重失衡 ………… 40
　第四节　失踪女性（missing women） ……………… 44
　第五节　性别选择生育行为 ………………………… 47
　第六节　性别不平等的社会体现 …………………… 50
　第七节　人口再生产能力下降 ……………………… 53

第三章　人口政策产生的影响 ……………………… 55
　第一节　现行的人口政策 …………………………… 55
　第二节　生育率的变化趋势 ………………………… 57

第三节　各国的生育调节政策 …………………………………… 62
第四节　生育率下降的原因 ……………………………………… 65
第五节　中国的计划生育政策产生的影响 ……………………… 68
第六节　中国生育率的变动 ……………………………………… 80
第七节　人口的变化 ……………………………………………… 85

第四章　人口老龄化 …………………………………………… 94

第一节　人口老龄化的国际形势 ………………………………… 95
第二节　人口老龄化的国内形势 ………………………………… 99
第三节　中国的养老服务体系 …………………………………… 103
第四节　人口老龄化对经济发展的影响 ………………………… 109
第五节　人口老龄化对养老保障的影响 ………………………… 114
第六节　人口老龄化对医疗保障的影响 ………………………… 115
第七节　人口老龄化对社会救助的影响 ………………………… 119
第八节　人口老龄化对医疗服务供需的影响 …………………… 121
第九节　人口老龄化对教育及人才培养的影响 ………………… 124
第十节　人口老龄化对代际关系的影响 ………………………… 126

第五章　双重性别比失衡带来的社会问题 …………………… 131

第一节　男性婚姻挤压 …………………………………………… 131
第二节　女性就业歧视 …………………………………………… 134
第三节　生育文化和观念落后 …………………………………… 137
第四节　其他社会问题 …………………………………………… 140

第六章　治理双重性别比失衡问题的对策 …………… **143**
第一节　性别比失衡治理 …………………………… **143**
第二节　人口老龄化的应对措施 …………………… **149**

参考文献 ………………………………………………… **165**

第一章　婴儿生存状况

婴儿死亡是指出生后不满周岁的儿童死亡，婴儿死亡率（infant mortality ratio，IMR）定义为每1000例活产中婴儿的死亡数。婴儿死亡率是国际上通用的反映儿童生存状况的主要指标，婴儿死亡率的降低对整个国家人口的平均预期寿命的延长，也有着极其重要的影响，因此国际上通常把婴儿死亡率水平作为衡量一个国家人口健康水平的基本指标之一。2000年9月，世界各国领导人在联合国千年首脑会议上就消除贫穷、饥饿、疾病、文盲、环境恶化和对妇女的歧视等问题，共同制订了千年发展目标（millennium development goals，MDGs）[①]。联合国第四个千年发展目标（MDG4）是到2015年，将5岁以下儿童死亡率在1990年的基础上降低三分之二。5岁以下儿童死亡主要发生在婴儿期，也就是说降低婴儿死亡率是完成联合国第四个千年发展目标的关键。全世界大约98%的婴儿死亡发

---

① 联合国首脑会议上由189个国家签署《联合国千年宣言》，正式做出承诺。

生在欠发达国家，包括中国在内。2005年12月，"跟踪儿童生存进展：2015倒计时"会议由联合国儿童基金会、世界卫生组织和其他机构共同在伦敦主办，回顾了不同国家实现MDG 4和5的进展。中国被列入60个优先需要加强努力去实现MDG 4和5的国家之一。会议认为尽管中国在实现千年发展目标的轨道上，仍然有必要强化政策和措施以进一步降低孕产妇和儿童死亡率。否则，中国政府可能会到2015年在实现千年发展目标上遭遇失败。在实现千年发展目标任务的推动下，中国政府15年间出台了一系列妇幼保健政策，加大妇幼卫生投入，推行妇幼卫生适宜技术，强化妇幼卫生机构功能，成为"2015倒计时"国家中取得进展最大的国家之一，提前完成了第四个千年发展目标，中国的婴儿生存状况得到了很大改善（WHO and UNICEF，2012）。

第一节 婴儿死亡率的变化趋势

一、总体变化趋势

中国的婴儿死亡率总体呈现下降趋势，从1991年的50.2‰降至2017年的6.8‰，降幅达到86.5%，在发展中国家位于死亡率较低的行列，但与欧美发达国家相比，我国的婴儿死亡率还有较大的下降空间。虽然在过去的20年里，我们在改善健康状况方面取得了良好的成果，但是社会经济发展的不平衡也造成了不同地区之间健康发展的差距，西部地区的婴儿死亡率是东部地区的 3 倍多，农村的婴儿死亡率是城市的 1 倍多。农村婴儿死亡率和城市婴儿死亡率之间虽然仍然存在差距，但差距逐渐在缩小，至 2017 年二者婴儿死亡率差距为 3.8‰。中国婴儿死亡率的变化趋势，如图 1 所示。

1991 年～2017 年中国婴儿死亡率的下降速率呈现波动状态，其中 2001 年～2005 年平均下降速率最快，达到 10.8%，1996 年～2000 年平均下降速率最慢，仅为 2.8%。1991 年～2017 年中国婴儿死亡率的下降速度见图 2。

城乡之间婴儿死亡率差异的缩小在 2011 年～2017 年尤为显著，这期间城市婴儿死亡率平均下降速率为 5.6%，而农村婴儿死亡率平均下降速率则为 9.8%，农村婴儿死亡率的快速下降缩小了城乡之间的差距。1991 年～2017 年城市和农村婴儿死亡率的下降速度见图 3。

尽管我国的婴儿生存状况在近 20 年里有了非常大的改善，婴儿死亡率不断下降，但与发达国家相比还存在不小的差距，2010 年以后这个差距大幅度减小，这与冲刺完成联合国千年发展目标关系很大。中国与部分发达国家婴儿死亡率的比较情况见图 4。

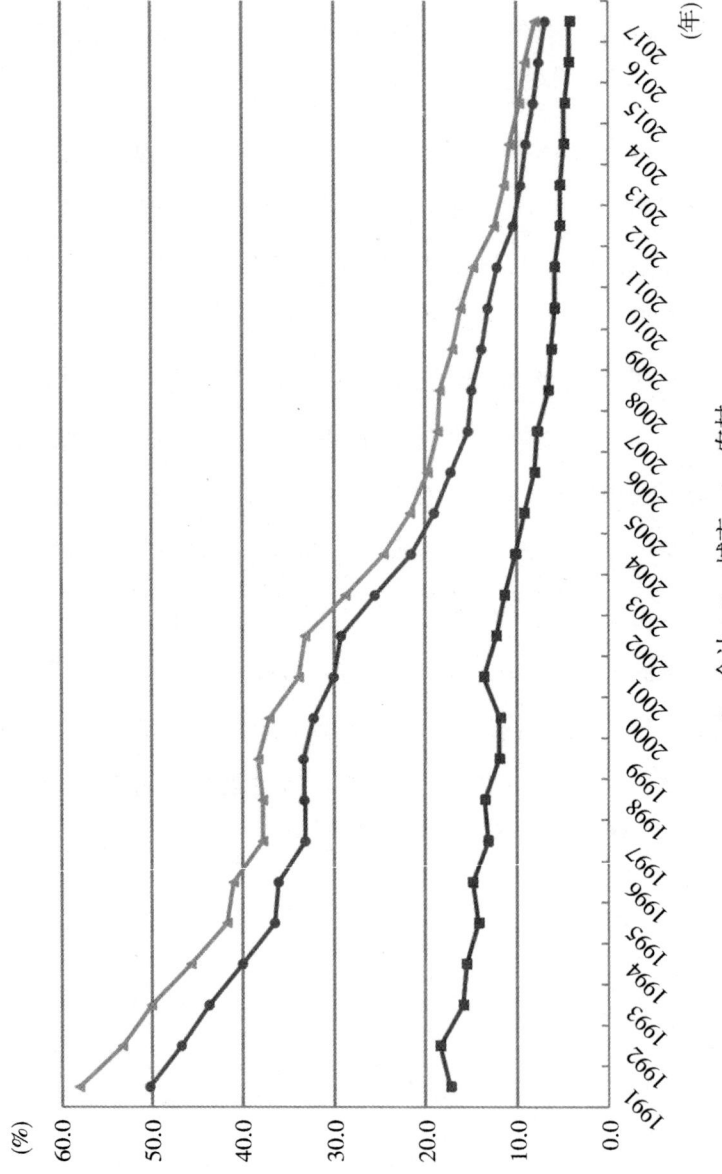

图1　1991年~2017年中国婴儿死亡率变化趋势

第一章 婴儿生存状况

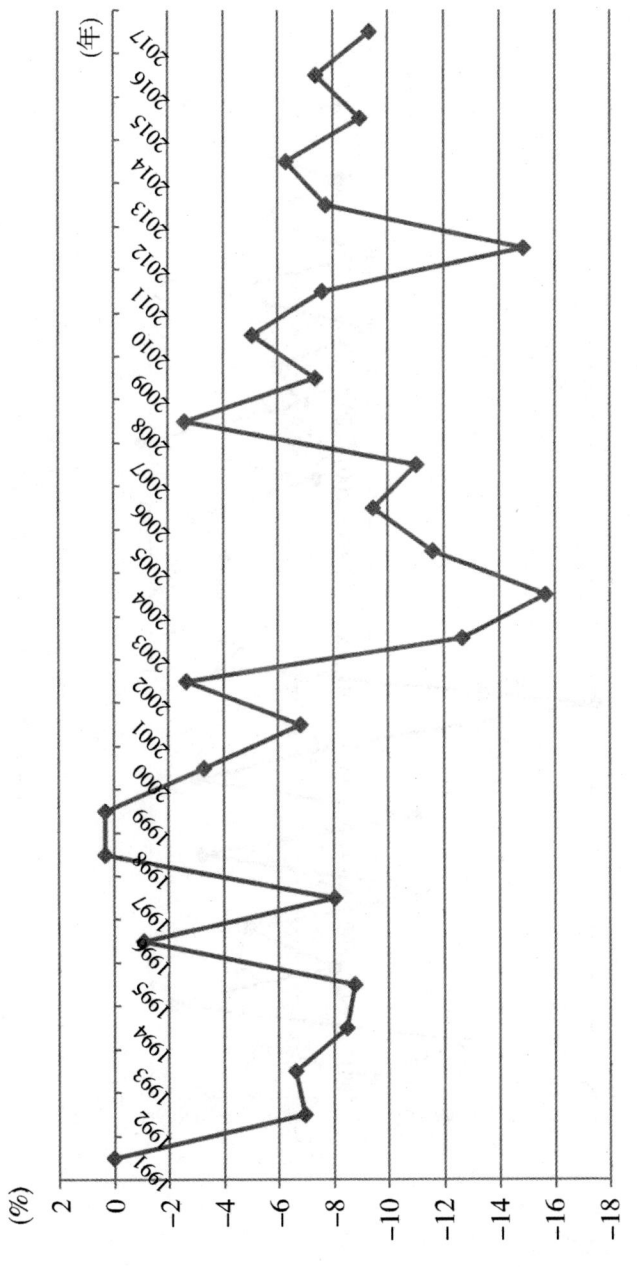

图2 1991年~2017年中国婴儿死亡率下降速度

婴儿出生和死亡性别比双重失衡的影响和对策 >>>

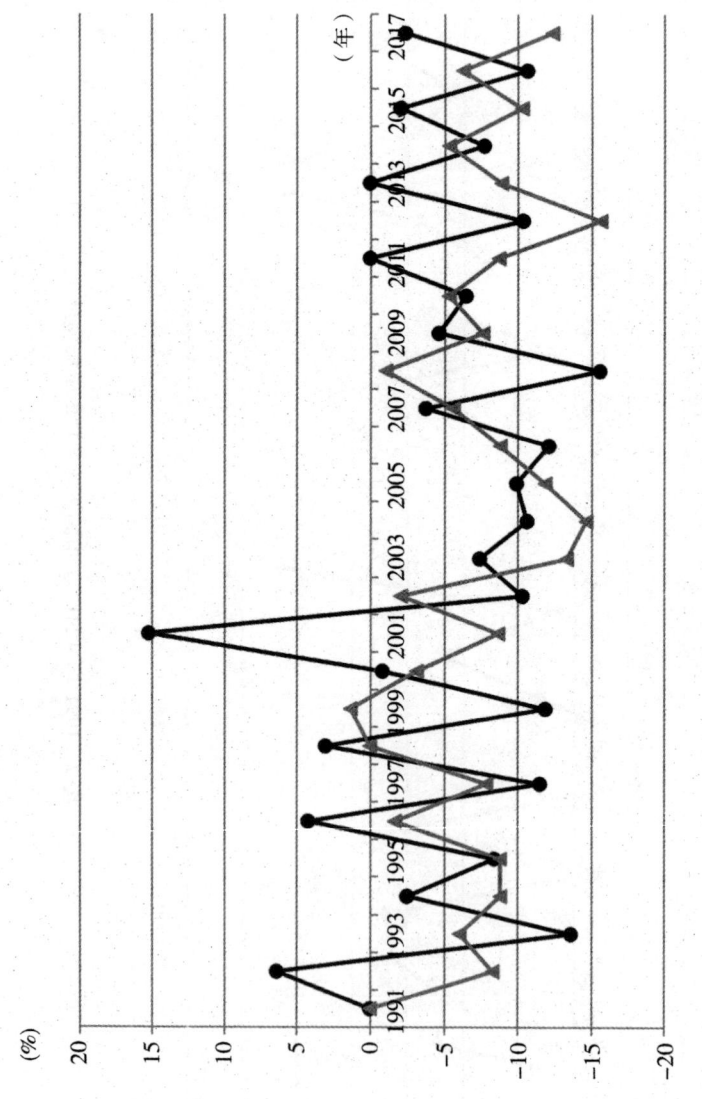

图3 1991年~2017年城市和农村婴儿死亡率下降速度

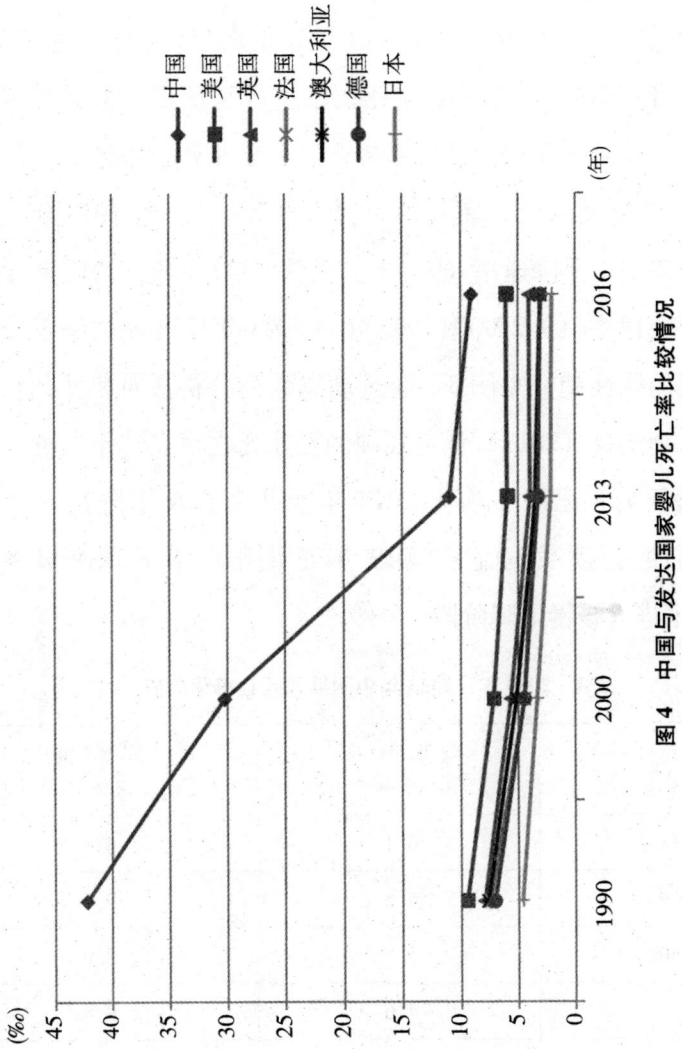

图4 中国与发达国家婴儿死亡率比较情况

二、婴儿死亡率预测

利用中国统计年鉴1991年~2017年婴儿死亡率数据,通过Eviews 7.2对2018年~2023年全国婴儿死亡率进行了预测,2018年~2023年婴儿死亡率预测值见表1。预测结果显示婴儿死亡率继续呈现下降趋势,到2023年婴儿死亡率将会下降至3.8‰,并且2018年~2023年婴儿死亡率平均下降速率(9.3%)略快于2011年~2017年婴儿死亡率平均下降速率(9.2%)。1991年~2023年婴儿死亡率下降速度及下降速度的线性趋势见图5。通过动态数列分析法对婴儿死亡率进行过预测,李鸿斌(2013)认为我国的婴儿死亡率在"十三五"期间会进入缓慢下降阶段,事实上2017年婴儿死亡率下降速率达到了9.3%,我们的预测数据显示2019年婴儿死亡率下降速率将达到9.7%,并未进入缓慢下降阶段。

表1 2018年~2023年中国婴儿死亡率预测值

	婴儿死亡率（‰）	同比下降（%）
2018	6.1	8.8
2019	5.6	9.7
2020	5.1	8.9
2021	4.6	9.8
2022	4.2	8.7
2023	3.8	9.5

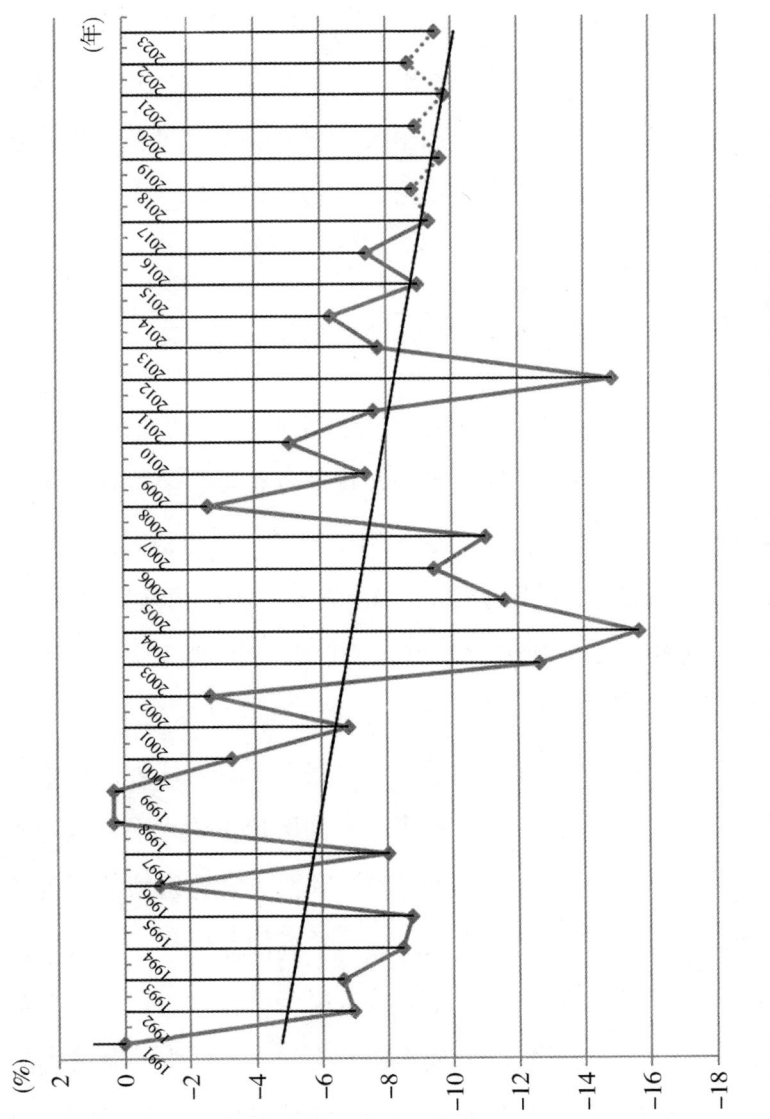

图 5 1991 年~2023 年婴儿死亡率下降速度及其线性趋势

2‰是目前全世界婴儿死亡率的最低水平，日本、瑞典、新加坡等国家都维持在这一水平，而这些国家都已经进入婴儿死亡率下降的平台期。我们以2‰的水平作为平台期基准值，假设维持2018年～2023年预测的婴儿死亡率平均下降速率（9.3%），那么中国婴儿死亡率预计在2030年将会进入平台期。但如果由于某些因素导致婴儿死亡率下降速度放缓，那么要达到2‰的水平还需要更长的时间。

第二节　婴儿死亡率的主要影响因素

婴儿死亡率与社会经济发展水平、文化教育程度、孕妇怀孕年龄及产次、医疗水平等因素高度相关，还与民族/种族、生活习惯、母亲孕期吸烟及孕期保健等因素密切相关（MacDorman MF, 2014；Alexander GR, 2008；罗树生, 2006；陈宁姗, 2003）。现代西方学术界关于死亡率变动分析主要的理论有"经济决定论"和"技术决定论"。经济决定论是对西方发达国家死亡率转变的经验分析，其认为死亡率水平取决于社会经济发展以及相应的教育水平和医疗卫生水平。但随着发展中国家的死亡率迅速下降，其下降情况和西方发达国家的历史经验不同，引起西方国家学者们的极大兴趣，学者们对低收入国家死亡率迅速下降的研究产生了技术决定论。技术决定论认为死亡率的大幅度下降主要是由于使用新发现的低成本医疗方法，是死亡控制技术的作用。无论是经济决定论还是技术决定论，都是根据人类发展的历史经验得出的结论。

一、经济因素

20世纪80年代中国开始了经济改革，90年代的外贸政策已经取得了巨大的成就。1980年我国的GDP仅为4552亿元，1990年上涨到18774亿元，1980年~1990年GDP平均增速为15.2%；1990年~2000年为GDP平均增速最快的阶段，达到18.2%；之后GDP总量持续上升，但增速有所下降，2017年GDP达到827122亿元，比2000年增长了8倍。虽然中国的GDP总量已经很大，仅次于美国，但由于中国的人口基数太大，人均GDP却远远落后于很多国家，甚至低于世界平均水平。此外，中国东部和西部之间的经济发展非常不平衡，西部地区的GDP仅为东部地区的四分之一。

随着GDP的增长，国家对医疗卫生领域的投入也越来越多。1980年我国的卫生总费用为143.2亿元，1990年上涨到747.4亿元，1980年~1990年卫生总费用平均增速为18.0%；1990年~2000年为卫生总费用平均增速最快的阶段，达到19.9%；2017年卫生总费用达到51598.8亿元，比2000年增长了11倍。1990年以前，卫生总费用占GDP比重一直低于4%，然后近20年一直在4%~5%之间徘徊，直到2009年才突破5%这个国际上认定的最低标准，2017年卫生总费用占GDP比重达到6.2%。1980年~2017年卫生总费用及其占GDP比重见图6。

婴儿出生和死亡性别比双重失衡的影响和对策 >>>

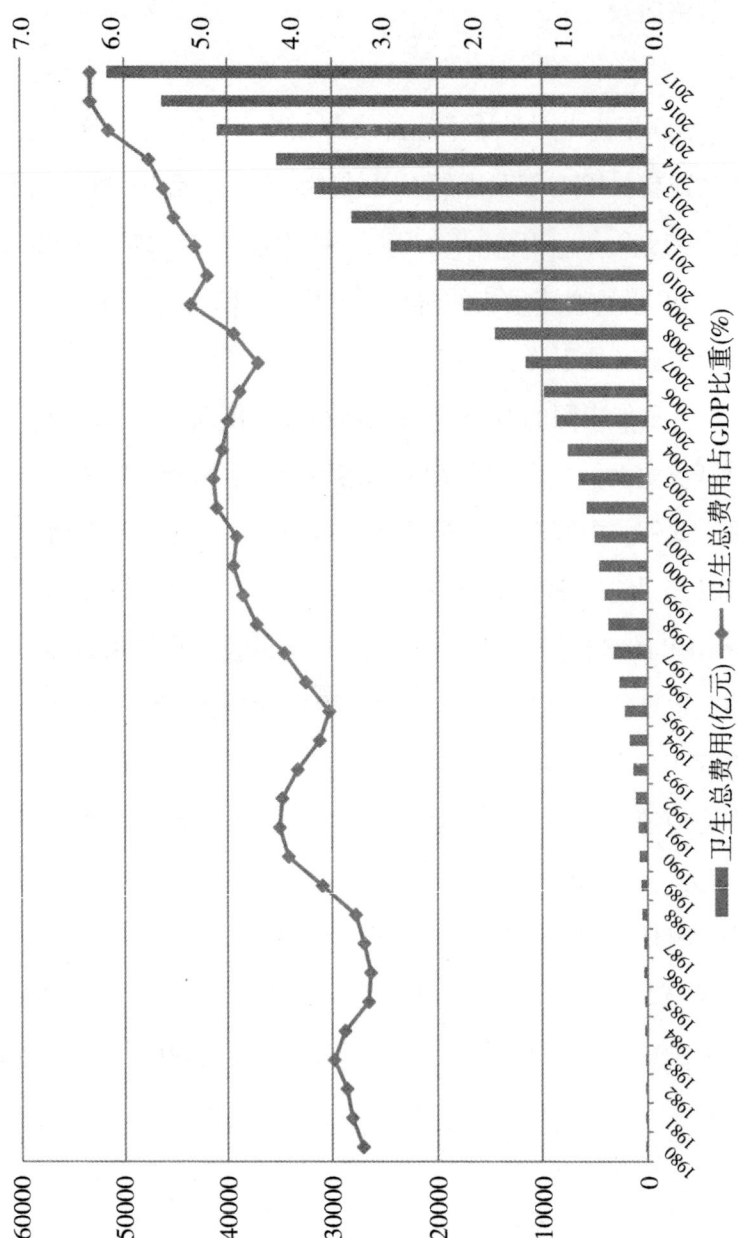

图6 1980年~2017年卫生总费用占GDP比重

12

经济水平的发展一直是降低死亡率的一个重要因素，和其他发展中国家一样，中国的婴儿死亡率一直是总死亡率的主要组成部分。以GDP、人均GDP、卫生总费用作为经济因素的代表变量，与婴儿死亡率进行相关性分析，结果显示经济因素与婴儿死亡率均呈显著负相关，即经济水平越高，婴儿死亡率越低。婴儿死亡率与经济因素代表变量的相关性见表2。

表2 婴儿死亡率与经济因素代表变量的相关性

	婴儿死亡率	
	Pearson 相关性	P（双侧）
GDP（亿元）	-0.879*	<0.001
人均GDP（元）	-0.886*	<0.001
卫生总费用（亿元）	-0.836*	<0.001

*显著性水平<0.01

虽然经济因素与婴儿死亡率显著相关，这个结果已得到普遍认可，但我们必须明确经济因素的影响是复杂的。当经济发展到一定程度，其他因素对婴儿死亡率的影响会更大。本研究的多因素分析结果显示，经济因素并不是婴儿死亡率的决定性因素。一些发展中国家虽然经济水平低，但其婴儿死亡率也相对较低。这可能归因于提高妇女的社会地位和健康水平，加强孕产妇的卫生保健与健康促进，增加卫生资源配置，改善服务质量等（Du, 2009; Du, 2015）。例如古巴，很注重教育和卫生，古巴几乎没有文盲，他们的医疗体系非常健全，医疗技术也很发达，每个人都有家庭医生。古巴的大学有三分之一是医学院校，每个医学院校学生毕业后，都要到乡下做三年家庭医生。古巴2016年的婴儿死亡率降低到4‰，比一些发达国家的死亡率水平还要低，这让我们相信，尽管贫困是一个主要的基本健康影响因素，但消除贫困本身不是降低婴儿死亡率的灵丹妙药，经济状况需要与教育、医疗等其他因素一起才能发挥更大的作用。

二、医学因素

中国的婴儿死亡原因中感染性疾病所占比重逐渐下降，目前主要死因为早产或低出生体重、出生窒息、肺炎、先天性心脏病、意外窒息。我国每年约有120万早产儿出生，早产发生率达到7%左右，早产已成为我国新生儿死亡的首要死因。在全世界185个国家中，中国的早产发生率排在第41位。对早产儿来说，早期的保健和干预至关重要，恰当的保健措施可以挽救绝大多数早产儿的生命，如"袋鼠式护理法"、母乳喂养、新生儿复苏适宜技术等。婴儿死亡率的大幅下降离不开住院分娩、产前检查、产后访视等妇幼保健服务的普及和推广，它们的有效性已经有目共睹，这里不再赘述。双变量相关分析显示，婴儿死亡率与住院分娩、产前检查、产后访视呈显著负相关（表3）。

表3　婴儿死亡率与住院分娩、产前检查、产后访视的相关性

	婴儿死亡率	
	Pearson 相关性	P（双侧）
住院分娩率	-0.983*	<0.001
产前检查率	-0.899*	<0.001
产后访视率	-0.916*	<0.001

*显著性水平<0.01

婴儿的生存状况与产妇的自身状况关系密切，随着女性结婚年龄

的推迟，妇女的生育年龄正在推迟，高龄妊娠的比例逐年增加。国际妇产科联盟将分娩年龄满35周岁的妊娠定义为高龄妊娠。过去的几十年中，全球经济快速增长，女性受教育程度提高，人们的传统生育观念发生改变，加之现代辅助生殖技术的发展，妊娠妇女的年龄结构正在发生变化，世界范围内女性平均妊娠年龄呈现增高趋势，高龄妊娠妇女的数量正在逐渐增加。研究数据显示英国高龄妊娠比率达到18%（Wong-Taylor，2012），印度为7%（Sohani，2009），美国35岁~39岁妇女的生育率从1980年的19.8‰升至2013年的49.3‰（Martin，2015）。随着我国城市化进程导致的生育年龄继续后移和二胎政策影响，全国产妇的平均年龄从27岁攀升到29岁，高龄产妇的比例上升至31%。《中国统计年鉴》数据显示35岁~39岁中国妇女的生育率从2004年的8.7‰增至2013年的17.1‰。一项国内14个省逾11万例样本的研究结果显示中国高龄妊娠比率为10.1%（刘晓莉，2014）。十八届三中全会以来，为促进人口长期均衡发展，积极应对人口老龄化的严峻形势，我国先后对生育政策做出两次重大调整完善。从中国实行计划生育政策的进程推算，2013年颁布的"单独一孩"政策实施近三年的受众多为"80后"群体，政策实施后高龄产妇所占比例明显上升，特别是高龄经产妇（闻喆，2016）。2016年开始实施的"全面二孩"政策则与每一位育龄妇女都有关系，特别是出生于20世纪70年代的妇女，她们之前一直想要二胎，但是政策不允许，现在政策放开了，她们却已经步入了高龄经产妇阶段。高龄经产妇的增多势必会对婴儿的生存状况造成一定的影响。

  国内外学术界公认高龄妊娠会增加母婴健康风险。随着孕妇年龄的增长、妊娠次数的增加，妊娠期高血压疾病、妊娠期糖尿病、妊娠

15

合并心脏病、妊娠合并子宫肌瘤、胎盘异常、产后出血等妊娠合并症和并发症发生率增加（Catov，2008；Balasch，2011），孕产妇高龄显著增加早产、胎儿宫内生长受限、胎儿宫内窘迫及围产儿死产率，同时胎儿低出生体重、畸形、巨大儿风险均显著增加（Haavaldsen，2010；Kenny，2013）。伴随着高龄妊娠数量的不断增加，高危产妇所占的比重逐年增加，低出生体重和出生缺陷婴儿比重也在逐年增加，到2015年高危产妇比重达到了22.6%，低出生体重婴儿比重达到2.6%，出生缺陷婴儿比例超过10%。高危产妇比重的增长趋势，如图7所示。

剖宫产术是解决难产和处理高危妊娠的重要方法，在一定程度上降低了孕产妇和围生儿死亡率，但剖宫产对母婴的身心健康也会造成影响，产妇剖宫产术后产后出血、产褥感染、宫外孕等发生率明显高于自然分娩者，新生儿黄疸发生率增高，早期母乳喂养受到影响（Carter，2006；余贵意，2012）。随着孕妇年龄的增加，其剖宫产率也随之大幅度增加（李永芳，2007；Herstad，2012），同时，产妇高龄将使剖宫产的风险增加（Bayrampour，2010）。世界卫生组织2007年~2008年针对亚洲的一项全球性研究显示中国的剖宫产率为46.7%，位于各国之首（Lumbiganon，2010）。尽管近年来国家要求医院严格掌握剖宫产指征，适龄产妇剖宫产率有所下降，但高龄产妇的增加，特别是"全面一孩"政策实施后高龄经产妇的增加，势必使中国的剖宫产率形势更加严峻。

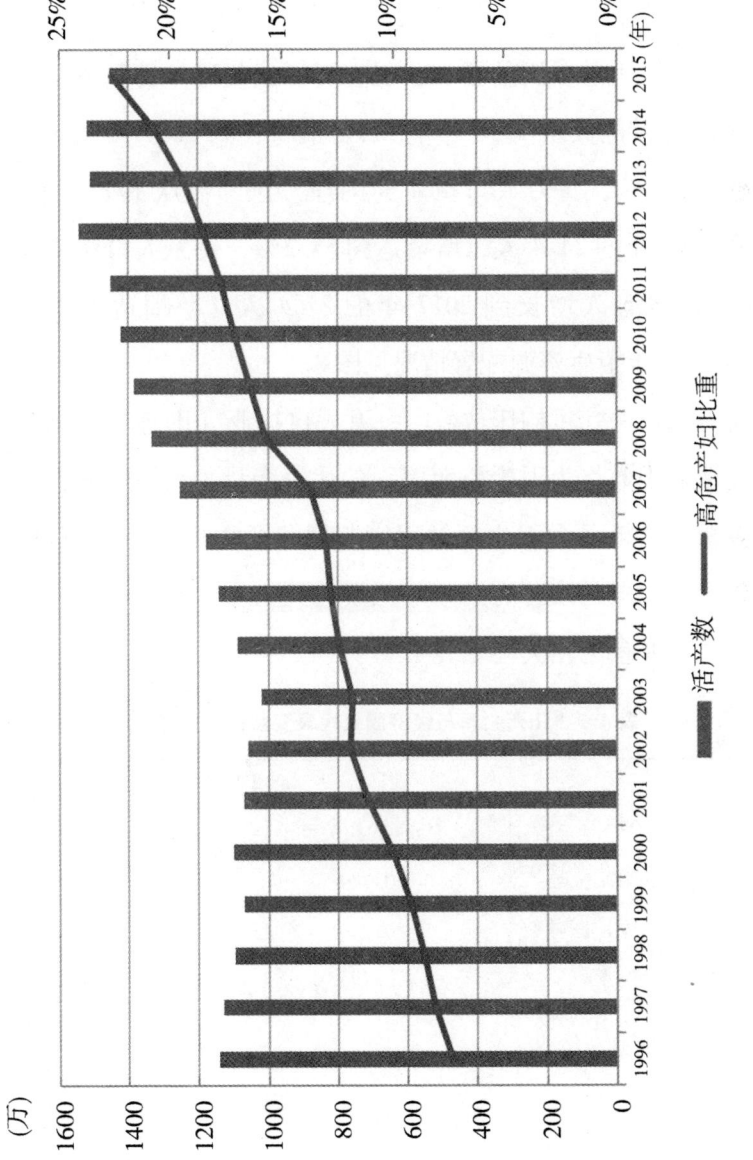

图 7 1996 年～2015 年高危产妇比重变化情况

三、卫生资源因素

随着我国卫生总费用的增长，卫生资源配置逐年得到改善，每万人口医疗机构床位数从1990年的25.6张增长到2017年的57.2张，增幅达到123.6%，每万人口执业（助理）医师数从1990年的15.4人增长到2017年的24.4人，增幅达到58.2%，每万人口注册护士数从1990年的8.5人增长到2017年的27.4人，增幅达到221.5%。1990年~2017年卫生资源配置情况见图8。

以每万人口医疗机构床位数、每万人口执业（助理）医师数、每万人口注册护士数作为卫生资源因素的代表变量，与婴儿死亡率进行相关性分析，结果显示卫生资源因素与婴儿死亡率均呈显著负相关，说明卫生资源配置的改善有助于降低婴儿死亡率。婴儿死亡率与卫生资源因素代表变量的相关性见表4。

表4 婴儿死亡率与经济因素代表变量的相关性

	婴儿死亡率	
	Pearson 相关性	P（双侧）
每万人口医疗机构床位数	-0.749*	<0.001
每万人口执业（助理）医师数	-0.720*	<0.001
每万人口注册护士数	-0.795*	<0.001

*显著性水平<0.01

<<< 第一章 婴儿生存状况

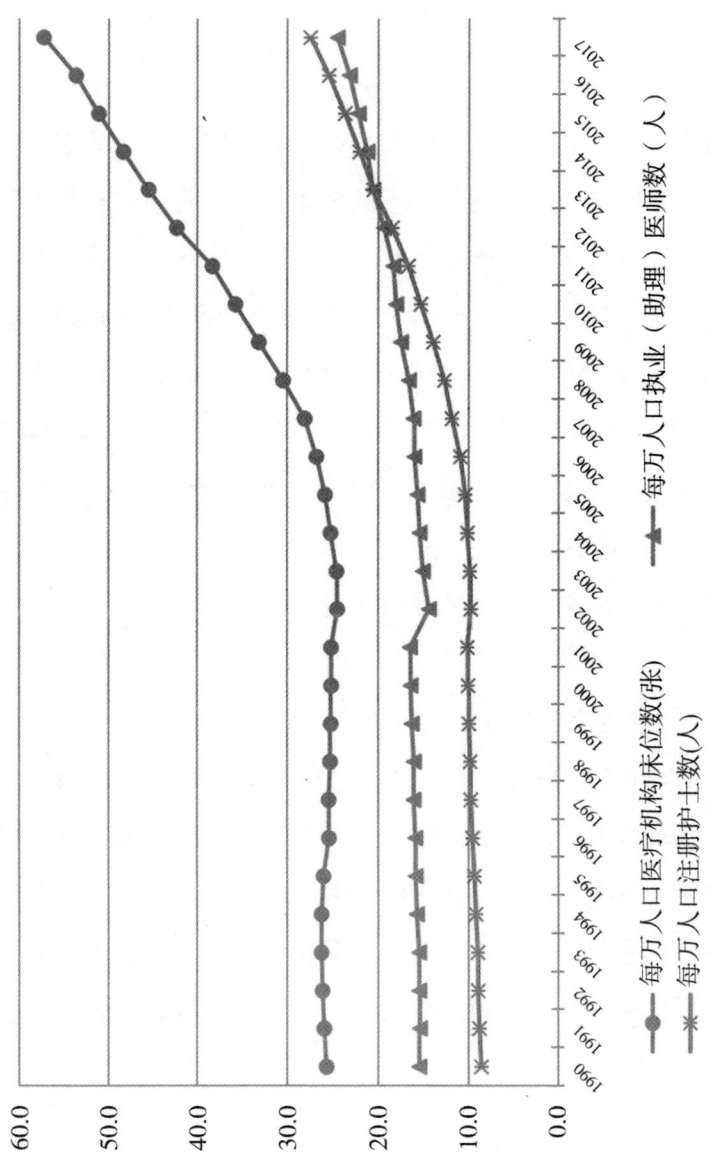

图8 1990年~2017年卫生资源配置情况

四、教育因素

百年大计，教育为本，教育是决定一个国家未来的根本。习近平总书记指出教育是对中华民族伟大复兴具有决定性意义的事业，要不断促进教育发展成果更多更公平惠及全体人民。我国政府在不断地推进教育事业发展，学龄儿童入学率稳中有升，2016年学龄儿童净入学率达到99.9%；初中和高中升学率有了大幅度提高，到2016年分别达到93.7%和94.5%，特别是高中升学率，2016年是1990年的3.5倍（图9）。加强基础教育效果明显，15岁及以上文盲率逐年下降，根据《中国统计年鉴》人口抽样调查样本数据计算得出2016年文盲率降至5.3%，其中男性文盲率1.4%，女性文盲率3.9%。从图10可以看出男性和女性文盲率都呈现明显的下降趋势，但是文盲存在的显著性别差异却一直没有得到改善，女性文盲人口是男性文盲人口的2.8倍，这是改善女婴生存状况应该关注的基础教育问题。

以学龄儿童净入学率、15岁及以上男性文盲率、15岁及以上女性文盲率作为教育因素的代表变量，与婴儿死亡率进行相关性分析，结果显示学龄儿童净入学率与婴儿死亡率呈显著负相关，15岁及以上男性和女性文盲率与婴儿死亡率均呈显著正相关，说明加强基础教育对降低婴儿死亡率是有帮助的。婴儿死亡率与教育因素代表变量的相关性见表5。

<<< 第一章 婴儿生存状况

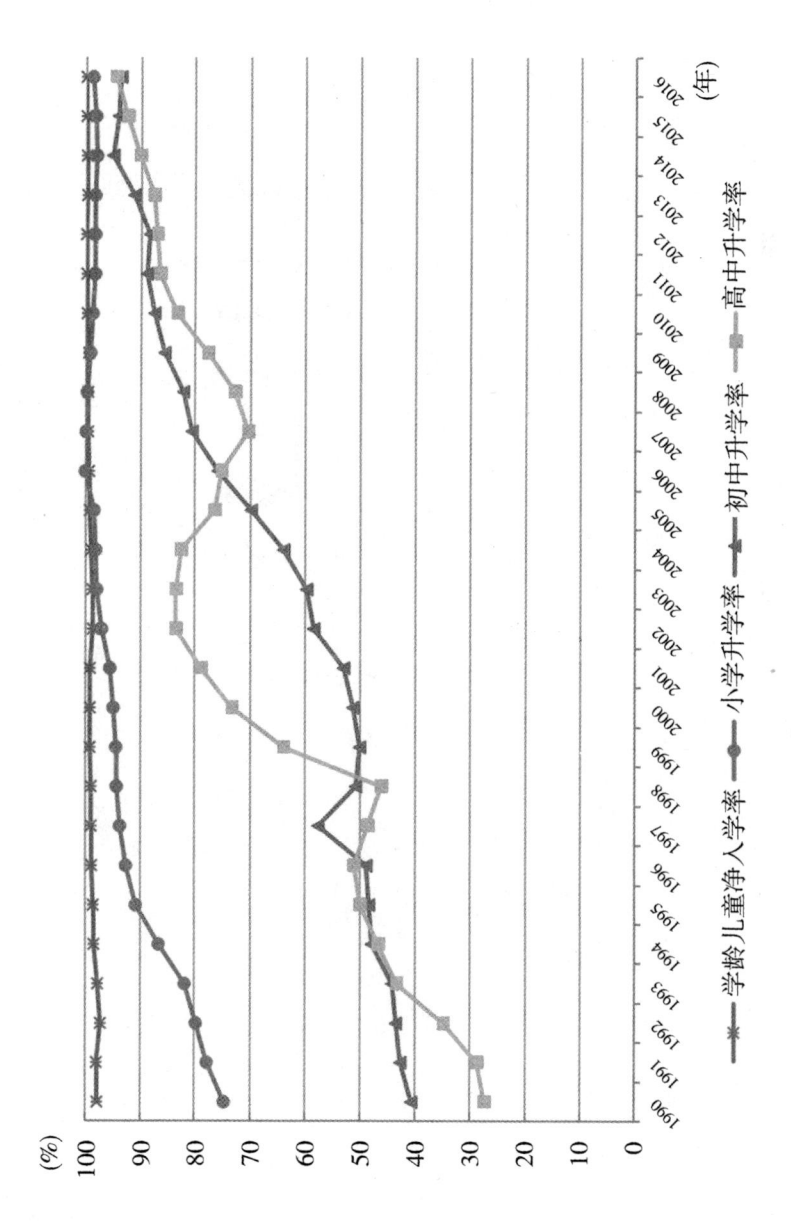

图9 1990年~2016年基础教育阶段入学情况

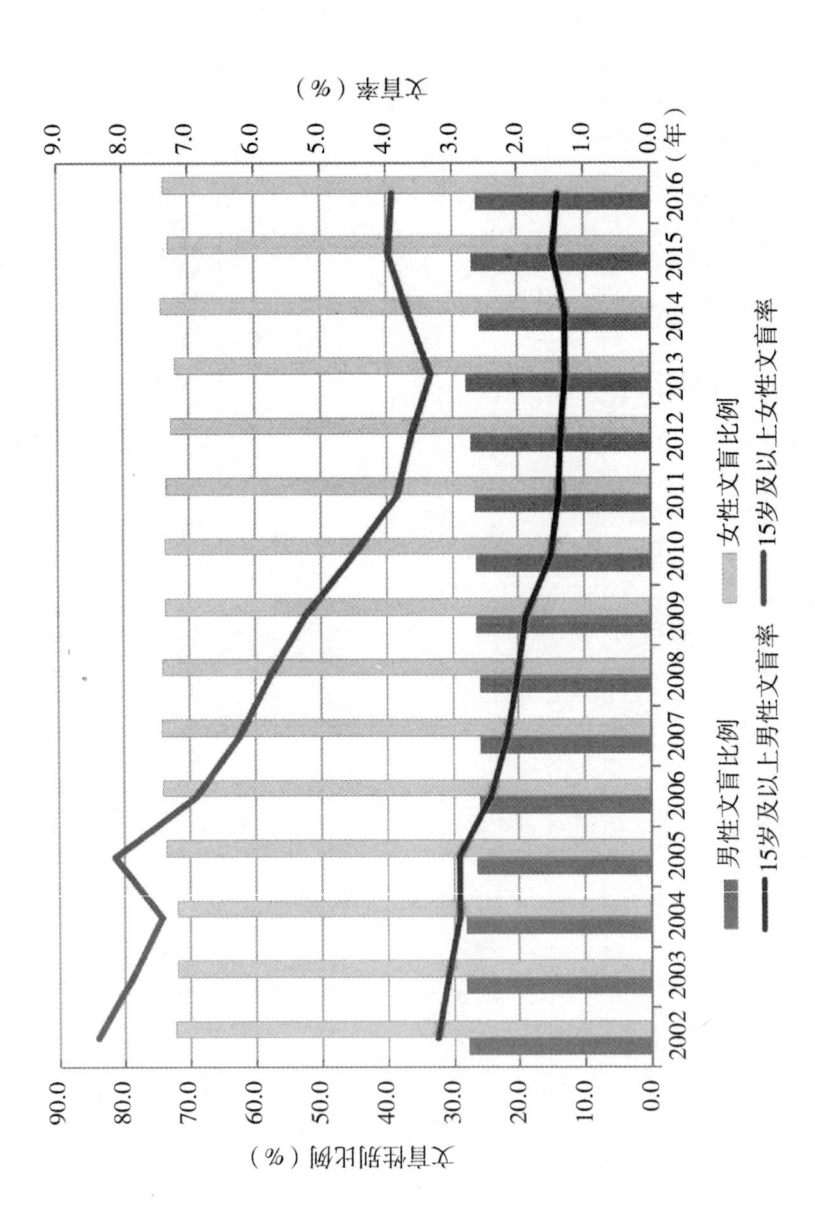

婴儿出生和死亡性别比双重失衡的影响和对策 >>>

图10 15岁及以上文盲率及其性别构成情况

表5 婴儿死亡率与教育因素代表变量的相关性

	婴儿死亡率	
	Pearson 相关性	P（双侧）
学龄儿童净入学率	-0.922*	<0.001
15岁及以上男性文盲率	0.955*	<0.001
15岁及以上女性文盲率	0.927*	<0.001

*显著性水平<0.01

五、决定因素

为深入分析婴儿死亡率变动的决定性因素，使用SPSS19.0统计软件进行多元线性回归分析。将1991年~2017年的婴儿死亡率作为因变量，经济、医学、教育、卫生资源等因素的代表变量作为自变量以进入法带入线性回归模型，标准设定进入<0.05和去除>0.10。结果表明，婴儿死亡率的相关因素为每万人口执业（助理）医师数、学龄儿童净入学率、卫生总费用，由此可见经济水平并不是降低婴儿死亡率的关键，只有将经济成果投入到卫生领域、加大卫生资源配置才能发挥出重要的作用，加强基础教育、特别是女孩的基础教育，对于降低婴儿死亡率有着长远的影响。多元线性回归中婴儿死亡率的相关因素见表6。

表6 多元线性回归中婴儿死亡率的相关因素

	标准系数	t	P[a]	调整 R^2
每万人口执业（助理）医师数	-1.964	-6.364	0.008	
学龄儿童净入学率	-0.552	-4.753	0.018	0.997
卫生总费用	1.492	3.897	0.030	

[a] 显著性水平<0.05

第二章 婴儿出生和死亡性别比双重失衡

我国历史上长期盛行的"重男轻女"的生育思想,对女孩生存状况改善有着许多负面的影响,强化了性别不平等。虽然在计划生育政策持续实施和社会经济转型的过程中,绝大部分人群摒弃了多生子女的传统观念,但偏好男孩的思想并未随之淡化,这种思想特别是在农村地区仍然根深蒂固。要想彻底解决性别失衡及其引发的社会问题,必须改变"重男轻女"的生育文化,改变人们偏好男孩的思想。

第一节 出生性别比失衡

正常情况下,出生性别比是由生物学规律决定的,通常正常值域保持在 102~107。我国的出生性别比从 20 世纪 80 年代初期已经开始出现偏高端倪,随后一发不可收拾,近 30 年失衡现象一直很严重,出生性别比的升高可以视为中国人口年龄性别结构转变的重要特征之一。当然,中国不是当前唯一的性别结构失衡的国家,印度、越南、巴基斯坦等10余个国家和地区的出生人口性别比也高于正常上限值，但中国却是人口性别结构失衡最严重、持续时间最长、过剩男性规模最大的国家（Guilmoto，2009）。

一、出生性别比的变动

中国的出生性别比多年来一直维持在高出正常值上线10%以上，变动呈现波动，2000年第五次人口普查数据显示出生性别比为119.9，至2010年第六次人口普查上升到121.2，之后呈现连年下降趋势，2016年出生性别比下降到112.9。全国出生性别比存在着明显的城乡差异，城市出生性别比＜镇出生性别比＜乡村出生性别比。2000年和2010年城乡出生性别比见图11。

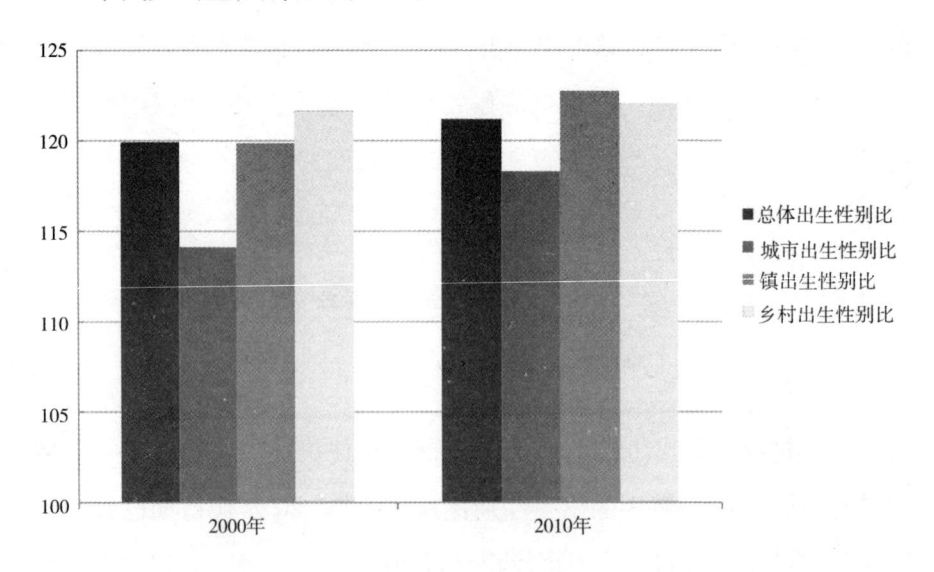

图11 2000年和2010年出生性别比（分城乡）

2010年以后出生性别比的下降与政府的治理措施以及调整的人口

政策有关，二孩政策的放开在一定程度上降低了第一孩出生性别比。《国家人口发展战略研究总报告》提出了到2020年出生人口性别比趋于正常的战略目标，相信在这个战略目标的指引下，政府相关部门会进一步加大治理力度，但要在三年内使出生性别比趋于正常不太现实，因为一些省份的出生性别比太高，控制起来难度很大，需要较长的一段时间。

二、出生性别比的地域差异

中国的出生人口性别比总体失衡，但也有为数不多的几个出生性别比正常的省份，如新疆和西藏。受人口政策、生育文化、经济发展等因素的影响，我国出生人口性别比的地域差异非常显著，出生性别比最高的省份都集中在华中和华南地区，第六次人口普查数据显示安徽省出生性别比高达131.1，城乡相差悬殊，城市出生人口性别比为116.7，乡村出生人口性别比为136.9。各地治理出生人口性别比失衡的措施不尽相同，取得的成果也不同，从2000年和2010年两次人口普查数据来看，新疆始终保持在正常值域，西藏甚至偏低，北京、上海、四川、重庆稳中有降控制在115以内，江西、广东、陕西降幅超过8。也有不少省份的出生性别比不降反升，升高最多的是贵州，10年间从105.4升至126.2，山东升高了10.8，2010年达到124.3。2000年和2010年全国出生性别比地图见图12和图13。从地图中可以看出，出生性别比失衡严重的都是人口大省，势必会带来更为复杂和严重的社会问题。

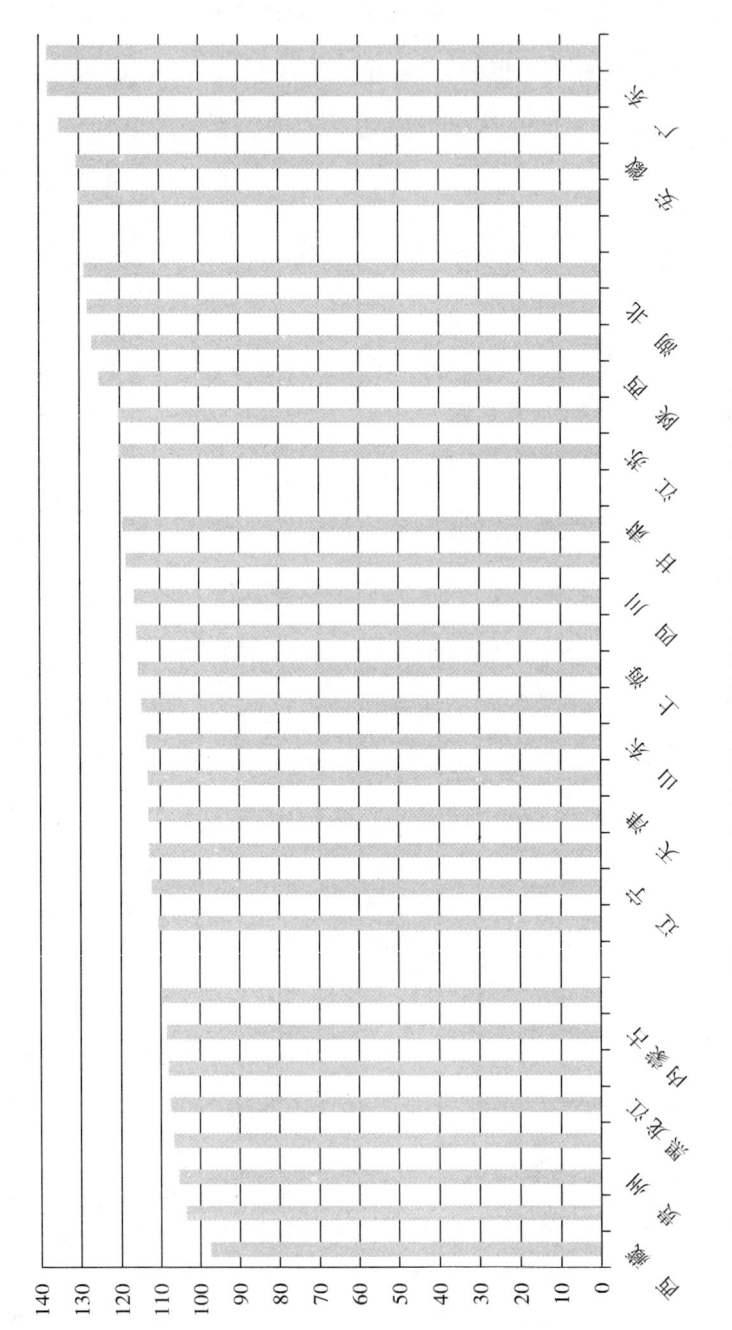

婴儿出生和死亡性别比双重失衡的影响和对策 >>>

图12 2000年全国各省（自治区、直辖市）出生性别比

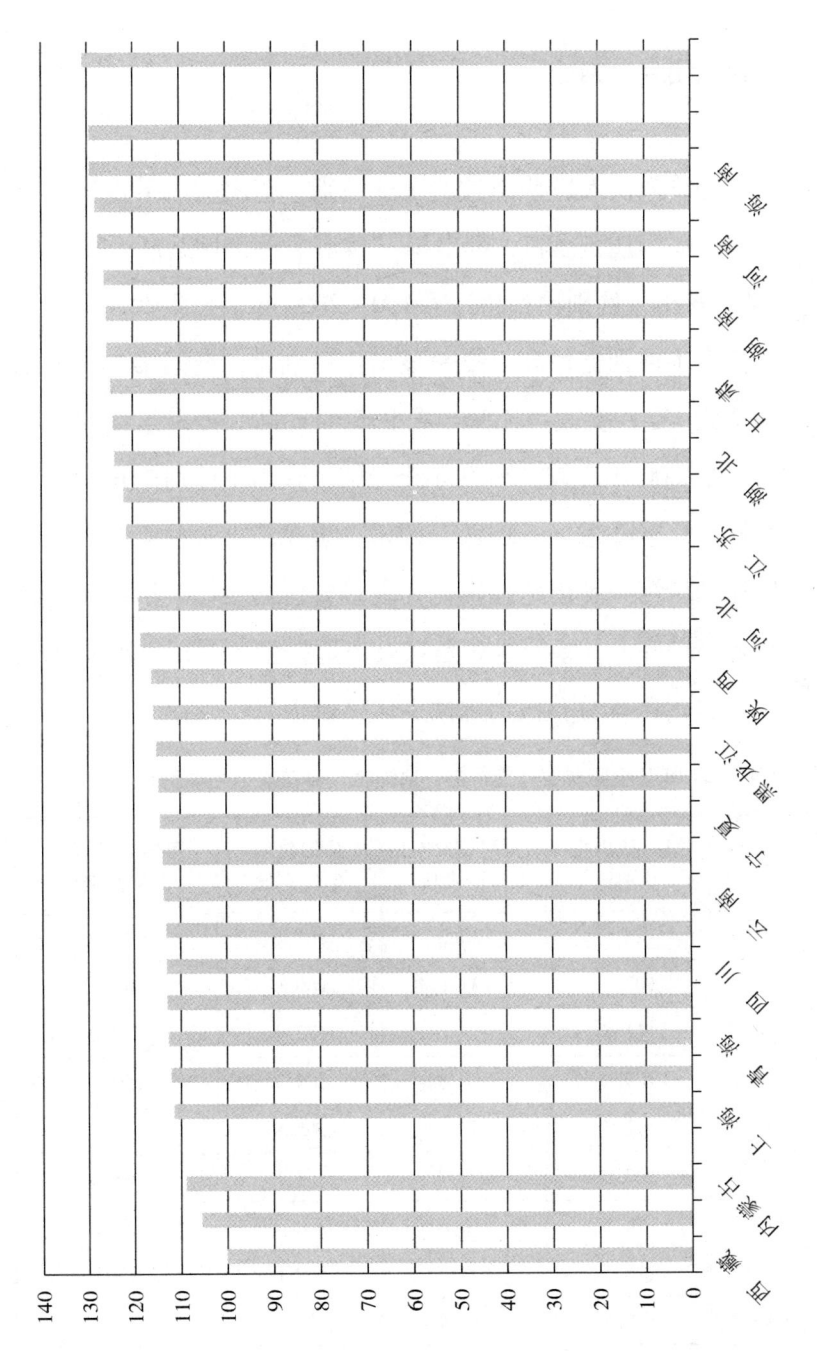

>>> 第二章 婴儿出生和死亡性别比双重失衡

图13 2010年全国各省（自治区、直辖市）出生性别比

三、分孩次出生性别比

从第五次和第六次人口普查各地区分性别、孩次的出生人口数据发现，无论是在城市还是乡村，都是第三孩出生性别比最高，2000年和2010年第三孩出生性别比都超过了160。2000年，出生性别比异常的省份第二孩出生性别比均高于第一孩出生性别比，全国第二孩出生性别比平均达到152，安徽、江西、湖北3个省第二孩出生性别比都超过了200。与2000年比较，2010年全国第一孩出生性别比升高6.6，第二孩出生性别比下降21.6，山西、四川、黑龙江、吉林4个省第二孩出生性别比低于第一孩出生性别比。很多省份第三孩、第四孩及以上出生性别比高得吓人，很明显就是在人为选择生育男孩。2010年全国各省（市、自治区）分孩次出生性别比见表7。

表7 2010年全国各省（直辖市、自治区）分孩次出生性别比

地区	出生性别比	第一孩出生性别比	第二孩出生性别比	第三孩出生性别比	第四孩及以上出生性别比
全国	121.2	113.7	130.3	161.6	145.9
北京	112.2	107.3	137.6	260.0	1100.0
天津	114.6	111.8	119.8	173.1	320.0
河北	118.7	109.0	128.8	184.7	150.9
山西	113.1	112.5	107.9	165.9	248.9
内蒙古	108.9	107.3	109.8	153.3	168.4
辽宁	112.9	110.5	116.6	200.7	153.3
吉林	115.7	116.5	109.2	169.6	93.8
黑龙江	115.1	115.8	111.9	124.1	88.0

续表

地区	出生性别比	第一孩出生性别比	第二孩出生性别比	第三孩出生性别比	第四孩及以上出生性别比
上海	111.5	106.4	128.4	201.9	166.7
江苏	121.4	114.8	135.0	153.4	139.4
浙江	118.4	109.7	132.0	192.7	187.0
安徽	131.1	113.0	168.3	245.9	281.3
福建	125.7	112.7	148.8	240.1	332.3
江西	128.3	113.9	139.3	167.4	143.5
山东	124.3	113.4	144.8	242.5	205.5
河南	127.6	118.1	133.2	175.1	191.6
湖北	123.9	115.0	144.2	171.7	86.9
湖南	125.8	119.8	127.9	183.0	151.3
广东	129.5	122.3	138.7	153.4	140.9
广西	122.0	114.6	128.4	140.6	144.5
海南	129.4	117.2	129.9	200.3	225.0
重庆	113.8	111.9	112.3	143.0	155.7
四川	113.0	113.7	109.0	123.3	123.5
贵州	126.2	109.4	146.9	174.3	164.2
云南	113.6	108.9	116.5	138.9	130.9
西藏	100.1	107.8	96.6	98.9	84.1
陕西	116.1	114.4	116.9	145.0	163.9
甘肃	124.8	118.2	131.8	150.3	145.3
青海	112.7	107.9	115.5	133.3	116.1
宁夏	114.4	107.3	121.5	125.3	153.4
新疆	105.6	106.2	103.4	108.8	104.5

出生性别比在孩次上的差异主要是由我国计划生育政策影响造成的，在全面放开二孩生育政策之前，除西藏执行特殊计划生育政策外，

我国其他30个省（直辖市、自治区）的计划生育政策主要分为三类。第一类是一孩政策，包括各省（直辖市、自治区）针对绝大多数城镇居民都严格执行一对夫妻只能生育一个孩子的计划生育政策，以及北京、天津、上海、江苏、四川、重庆等六个省（直辖市）对农村居民也同样实行一孩政策。第二类是一孩半政策，即农村夫妇生育第一个孩子为女孩的，可以再生育一个孩子。执行一孩半政策的省（自治区）共有19个，包括河北、山西、内蒙古、辽宁、吉林、黑龙江、浙江、安徽、福建、江西、山东、河南、湖北、湖南、广东、广西、贵州、陕西、甘肃。第三类是二孩政策，即一对夫妻可以生育两个孩子。实施二孩政策的主要有三种情况：各省（直辖市、自治区）都规定，夫妻双方均为独生子女的夫妇可以生育两个孩子；天津、辽宁、吉林、上海、江苏、福建、安徽等七个省（直辖市）规定，一方为独生子女的农民夫妇可以生育两个孩子；海南、云南、青海、宁夏、新疆等五个省（自治区）的农村居民普遍可以生育两个孩子。

　　制定并执行差异化的计划生育政策对出生性别比产生着明显的影响，通过分析第六次人口普查数据可以看出，执行二孩生育政策的区域出生人口性别比最低（112.8），执行一孩半生育政策的区域出生人口性别比最高（123.3），执行一孩生育政策的区域出生人口性别比为115.8。每个孩次的出生性别比也都同样是一孩半生育政策区域＞一孩生育政策区域＞二孩生育政策区域。执行一孩半生育政策区域的第三孩次出生性别比甚至比执行二孩生育政策区域的第三孩次出生性别比高出32.9%。按计划生育政策划分区域的出生性别比见图14。在计划生育政策允许生育二孩的范围内，大多数家庭生育第一胎时是顺其自然，如果第一孩是女孩，那么第二胎就会想办法干预生男孩，这种现象在农村地区很普遍，因为如果第二孩还是女孩，那么接下来想要生男孩的社会成本就太高了，将会面临着高额的社会抚养费等惩罚。

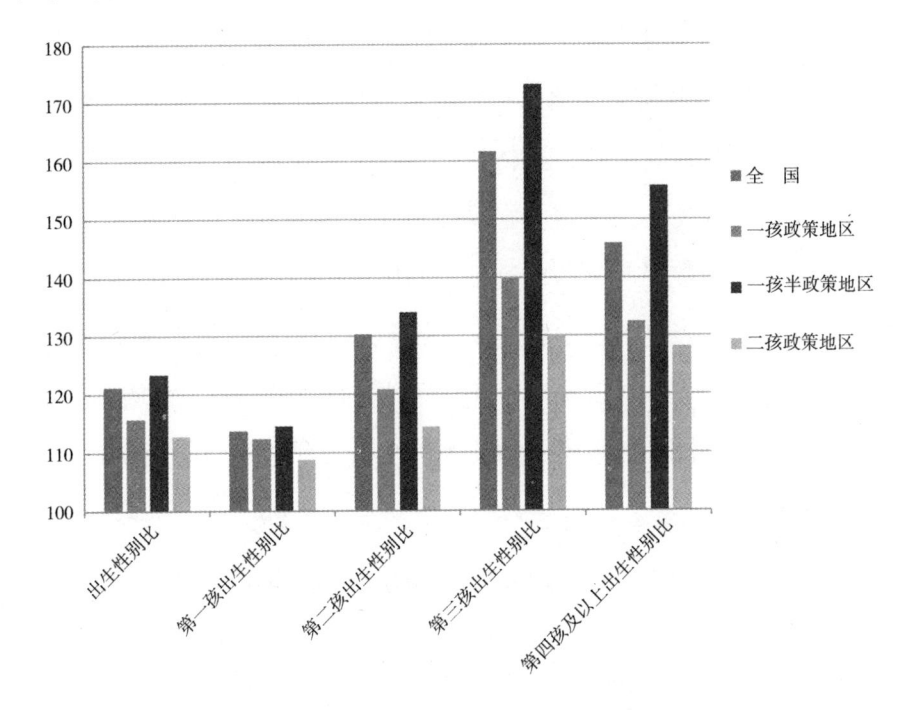

图14　2010年按计划生育政策划分区域的出生性别比

有人提出在计划生育政策的影响下，特别是实施"一孩半"政策的省份，只有生育过第一孩是女孩的家庭才能选择生育第二孩，这种决定所生子女数量的做法是导致出生性别比偏高的一个因素。这是关于出生概率的问题，早在1984年瑞典人口学者斯滕·约翰逊（Sten Johanson）就曾提出过类似的问题，我们需要用统计学知识去回答，在大的人口数据中男婴或女婴的出生概率都是一个相对稳定的不变值，如果按照生物学规律没有人为因素干预的话，分孩次出生性别比不会随孩次的升高而升高。也就是说从医学角度我们明确第一孩的性别不会影响第二孩的出生性别，那么母亲再生育第二孩及其以上孩次，生男生女完全与再生育前母亲生过的孩次性别无关，分孩次出生性别比升高的一个不可忽视的因素是与母亲曾生育过女孩的数量相关。

中国是一个多民族融合的人口大国，除汉族外，55个少数民族各具特色。2002年开始实施的《中国人口与计划生育法》规定，现行少数民族也要实行计划生育，具体办法由省、自治区、直辖市人民代表大会或者其常务委员会规定。在少数民族聚居的自治区和省份，政府都依据辖区内少数民族分布的特征，制定了特色的、具体的生育调节规定。如广西壮族自治区的壮族人口数已达1700万，就不再享受宽松的生育政策。从表8可以看出，享有宽松生育政策的少数民族如藏族、维吾尔族，出生性别比正常；执行严格生育政策的汉族、壮族，出生性别比严重偏高。

表8 2010年7个民族的分孩次出生性别比

民族	人口数（万人）	出生性别比	第一孩出生性别比	第二孩出生性别比	第三孩出生性别比
汉族	122084.4	123.8	113.3	137.5	189.9
壮族	1692.6	125.5	113.2	143.7	168.2
回族	1058.6	117.3	110.1	121.6	142.8
维吾尔族	1006.9	105.3	102.5	107.3	108.4
彝族	871.4	112.1	105.2	115.4	121.3
藏族	628.2	105.1	106.6	102.4	112.4
蒙古族	598.2	110.4	107.8	111.4	182.4

第二节 婴儿死亡性别比失衡

正常情况下,死亡性别比也是由生物学规律决定的,女性的死亡率总体要低于男性的死亡率。发达国家的男性死亡率水平在一切年龄组中均高于女性死亡率。婴儿死亡率性别比是指男婴死亡率与女婴死亡率的比值,其正常阈值一般为 1.2~1.3。几十年来,中国的婴儿死亡都存在性别比失衡的问题,其中江西、海南、贵州等省份婴儿死亡率性别比失衡最为严重。

一、婴儿死亡性别比失衡程度

2009 年婴儿死亡率性别比小于 1.0 的国家共有五个,分别是中国、尼泊尔、印度、越南和苏丹(国家卫生和计划生育委员会,2016)。也就是说世界上除了中国存在婴儿死亡率性别比失衡现象,尼泊尔、印度、越南、苏丹等国家的女婴死亡率也高于男婴死亡率,但这些国家的婴儿死亡率性别比失衡在程度上都远不及中国严重。五个国家 1990 年、2000 年、2009 年的男婴和女婴死亡率水平见图 15。大部分发达国家的婴儿死亡率性别比一直保持在正常范围,也有少数国家从 2000 年开始婴儿死亡率性别比超出了正常阈值的上限(1.3),比如日本,到 2009 年婴儿死亡率性别比高达 1.5。部分国家的婴儿死亡率性别比变动情况见图 16。

婴儿出生和死亡性别比双重失衡的影响和对策 >>>

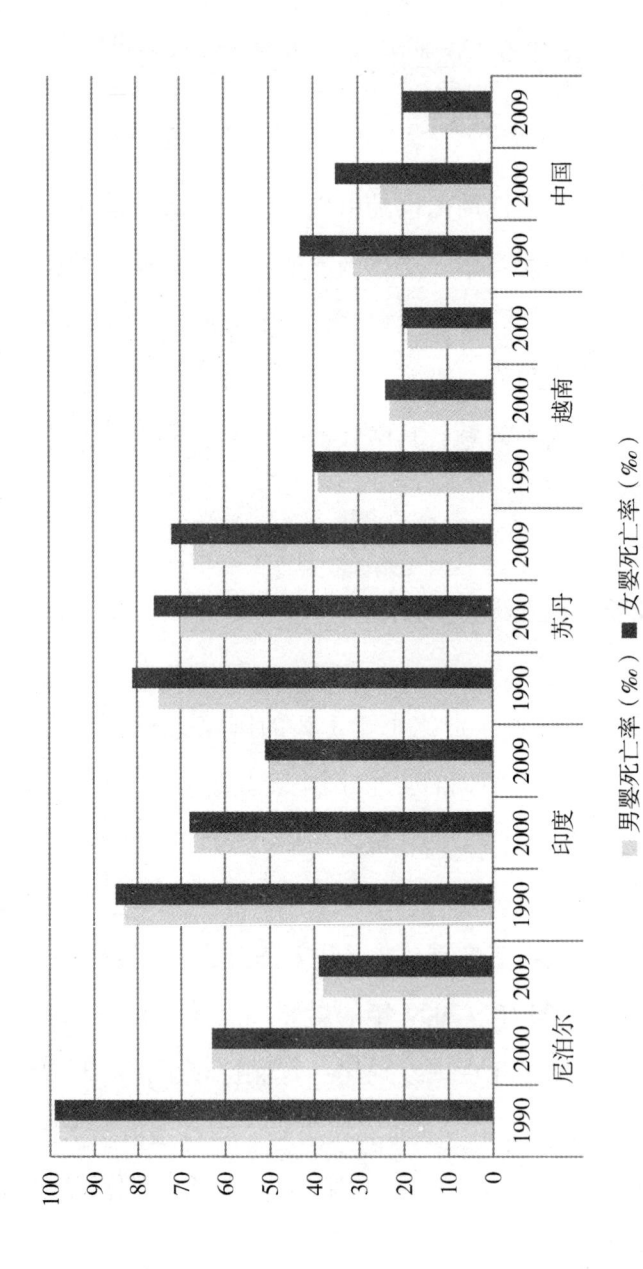

图 15 婴儿死亡率性别比失衡国家的婴儿死亡率水平（分性别）

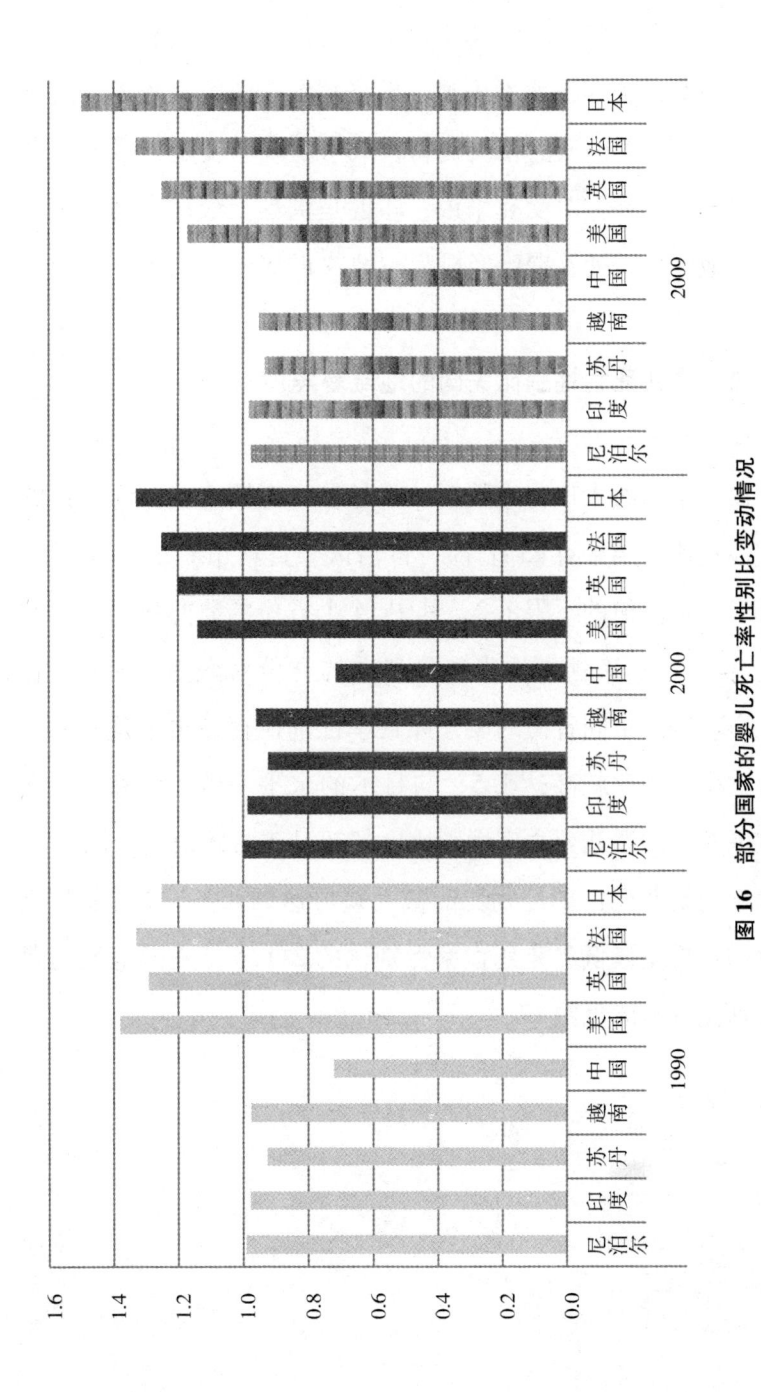

<<< 第二章 婴儿出生和死亡性别比双重失衡

图16 部分国家的婴儿死亡率性别比变动情况

现代社会女婴呈现的高死亡率给了世界一个强有力的警告,那就是我们的女孩生存境地不乐观,男婴和女婴获得的资源不对等。联合国收集了150个国家的相关资料,从中发现印度是世界上女婴死亡率最高的国家,并称对女婴来说,印度是世界上最危险的地方,在印度的某些地区,杀死女婴已经成为一种"正常行为"。

二、婴儿死亡性别比失衡的地域差异

通过第六次人口普查数据计算各省(直辖市、自治区)的婴儿死亡率性别比,结果有25个省(自治区、直辖市)的婴儿死亡率性别比低于正常阈值的下限1.2,其中14个省份的婴儿死亡率性别比低于1.0。婴儿死亡率性别比失衡最严重的省份为海南、江西、甘肃、贵州、广东等。不同省份的婴儿死亡率性别比存在很大差异,天津的婴儿死亡率性别比就高达1.5,与日本的水平一致,此外,上海、内蒙古、黑龙江的婴儿死亡率性别比也都超过正常阈值的上限(1.3)。我国地域间婴儿死亡率性别比的最大差值达到0.8,最高婴儿死亡率性别比的省份是最低婴儿死亡率性别比的2.1倍。不同地域的婴儿死亡率性别比分布图见图17。

<<< 第二章 婴儿出生和死亡性别比双重失衡

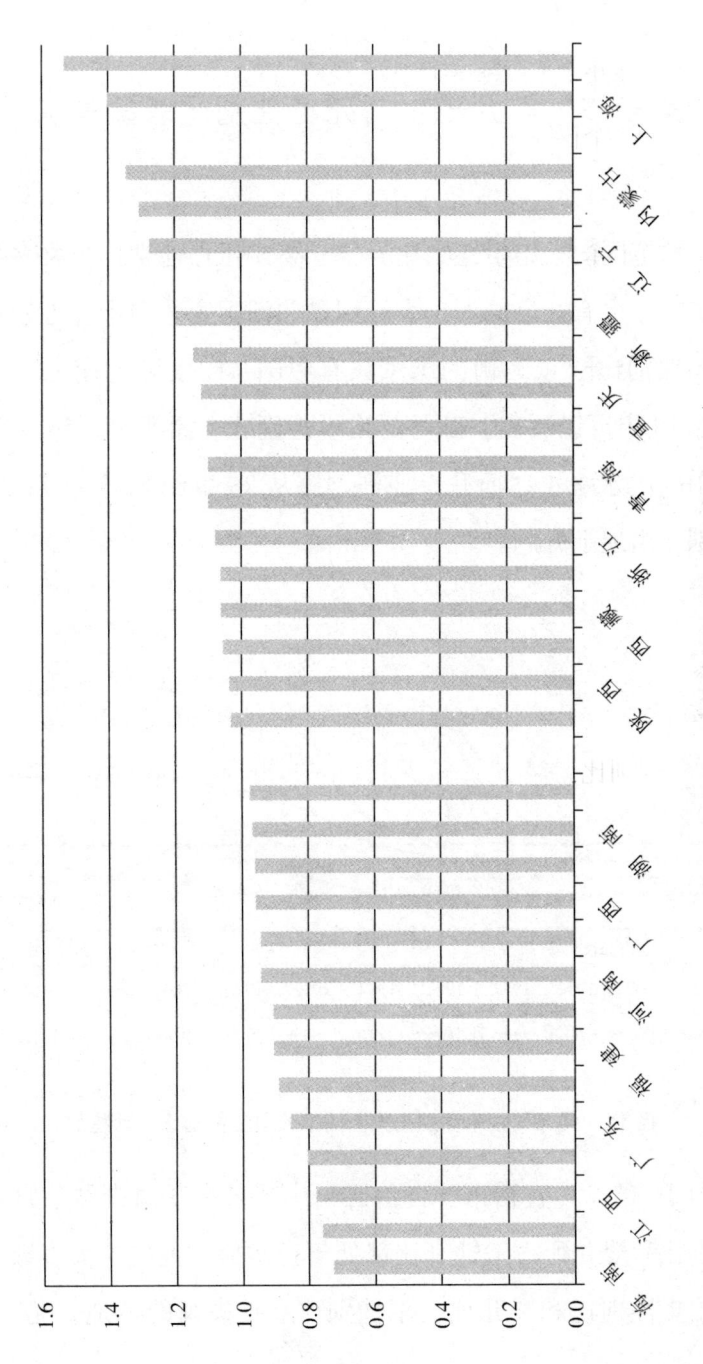

图17 2010年全国婴儿死亡率性别比地图

第三节 婴儿出生与死亡性别比双重失衡

在全球范围内，出生性别比异常、婴儿死亡性别比异常多数发生在亚洲国家，也有几个欧洲、大洋洲和非洲国家。但出生性别比和婴儿死亡率性别比双重失衡的国家只有中国、印度和越南三个亚洲国家。从图18中可以看出，苏丹的出生性别比非常平衡，50余年一直保持在104的水平上，而几个亚洲国家从20世纪80年代后期开始，出生性别比出现上升趋势。

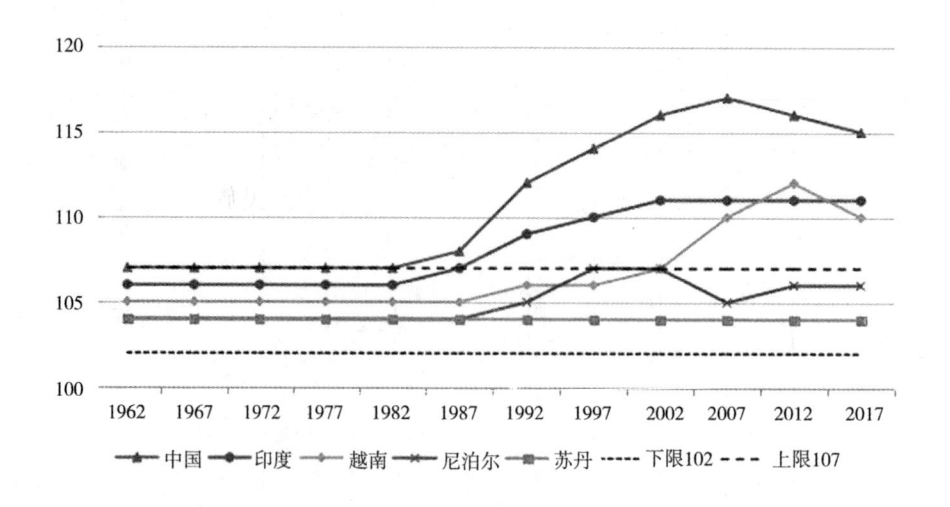

图18 婴儿死亡率性别比失衡国家的出生性别比变动趋势

中国31个省（直辖市、自治区）中，只有新疆维吾尔自治区的出生性别比和婴儿死亡率性别比都处于正常值的范围。大多数省份都是处于出生性别比和婴儿死亡率性别比双重失衡的境地，尤以江西、海南、广东、福建、贵州、河南、湖南等省份为最严重。

在过去对于性别比失衡的研究中，学者们往往都是单一的关注出生性别比失衡或是婴儿死亡性别比失衡，研究出生性别比失衡的居多。然而出生性别比失衡与婴儿死亡性别比失衡二者之间是有关联的，使用 SPSS19.0 对第六次人口普查中各省（直辖市、自治区）的出生性别比和婴儿死亡率性别比做双变量相关分析，结果显示出生性别比与婴儿死亡率性别比呈显著负相关（−0.637，p<0.001）。这就提示我们，要想解决好性别比失衡的问题，只研究出生或者死亡是不够的，需要将二者有机联系起来，找出共同的影响因素，多方进行治理。

为深入分析出生性别比失衡和婴儿死亡率性别比失衡的共同影响因素，我们利用第六次人口普查数据以及国家统计局公开的年度数据进行相关分析和线性回归分析，变量包括出生性别比、婴儿死亡率性别比、总和生育率、文盲率、GDP、就业率、少数民族占比、老龄化程度等。出生性别比和婴儿死亡率性别比的相关因素见表9和表10。从相关性分析的结果发现总和生育率是出生性别比和婴儿死亡率性别比的共同相关因素，这就意味着可以从生育率着手找对策。西方发达国家的总和生育率百余年来呈现下降趋势，但这个下降过程是自发的，没有政府干预，从生育率开始下降到降至更替生育水平或更替水平以下，人口出生性别比虽然也有一定幅度的波动，但却从未超出102~107的正常值域范围，表现出高度的稳定性。西方发达国家的经验表明，如果没有生育政策的干预和影响，妇女生育水平的高低及生育水平下降的过程，对出生性别比不会产生较大影响。我国近30年的总和生育率一直处于替代水平以下，妇女总和生育率的下降及其产生

41

的影响将在第三部分详细阐述。

表9　出生性别比的相关因素

	出生性别比	
	Pearson 相关性	P（双侧）
婴儿死亡率性别比	-0.637*	<0.001
总和生育率	0.419**	0.019
少数民族占比	-0.531*	0.002

* 显著性水平<0.01

** 显著性水平<0.05

表10　婴儿死亡率性别比的相关因素

	婴儿死亡率性别比	
	Pearson 相关性	P（双侧）
出生性别比	-0.637*	<0.001
总和生育率	-0.576*	0.001

* 显著性水平<0.01

亚洲国家中出现的出生人口性别比失衡现象呈现出几个相同点：一是社会经济水平不断提高，二是拥有重男轻女的文化环境，三是妇女生育率持续下降，四是人口政策的重点发生转移。这些因素互相作用，共同导致男性出生人口远远多于女性出生人口，打破了出生性别比的自然平衡。

为深入分析我国出生性别比的决定性因素，使用SPSS19.0统计软件进行多元线性回归分析。将31个省（直辖市、自治区）的出生性别比作为因变量，经济、人口、教育等因素的代表变量作为自变量以进入法带入线性回归模型，标准设定进入<0.05和去除>0.10。结果表明，出生性别比的影响因素为总和生育率、GDP、少数民族占比、就业率。多元线性回归结果见表11。上面提到GDP的增长，社会经济水平的提高是亚洲国家出生人口性别比升高的共同原因之一，中国也不例外。中国的汉文化自古注重孝道，"孝"是儒家伦理思想的核心，是中华民族的传统美德，也是千百年来维系家庭关系的道德准则。很多汉族家庭至今还用"不孝有三，无后为大"教育子女，并将"无后"解释为生不出儿子、续不上香火，我认为这是曲解，是民间文化的糟粕。"不孝有三，无后为大"出自《孟子·离娄上》[①]，是孟子在评价舜结婚的事情。"舜不告而娶，为无后也"，孟子的原意应该是"不孝的表现很多，但以不尽后辈的本分为最，舜娶妻的时候没有禀告父母，是没有尽到后辈的本分。"民间文化代代相传、影响深远，在这种一定要生儿子续香火的汉文化氛围下，生育率越高，出生的男孩就越多，当然前提并不是顺其自然的生育，而是有选择性生育。不同于汉族文化，大多数少数民族有着自己的民族文化和宗教信仰，没有强烈的重男轻女观念，并且他们享有比汉族宽松的计划生育政策，所以新疆、西藏、内蒙古等少数民族自治区的出生性别比处于正常范围或轻度偏高。

---

① 《孟子. 离娄上》第二十六章。

表11 多元线性回归中出生性别比的影响因素

	标准系数	t	P[a]	调整 R²
总和生育率	0.622	4.701	<0.001	
GDP	0.265	2.471	0.021	0.792
少数民族占比	-0.771	-4.381	<0.001	
就业率	-0.240	-2.117	0.045	

[a] 显著性水平 <0.05。

第四节 失踪女性（missing women）

出生性别比的持续升高是真实的，但是有一些学者认为我国实际的出生性别比并不像人口普查数据反映出来的那样严重偏高，之所以有学者这样判断，是因为我国的出生登记系统存在漏洞，超生家庭为避免受到计划生育政策的惩罚，往往选择不向户籍管理部门申报女孩的出生信息，专家认为女婴漏报是出生性别比偏高的一个重要原因（曾毅，1993；陈卫、翟振武，2007）。国家统计局领导在第六次人口普查数据的新闻发布会上专门回答了普查数据的质量问题，强调了此次普查数据的质量是比较高的，因为在普查过程中加强了质量控制，事后质量抽检的漏登率也非常低，户籍管理、人口计生、民政、教育等不同部门提供的出生和死亡数据的一致性也很好。

20世纪90年代，诺贝尔经济学奖获得者阿马蒂亚·森（Amartya Sen）最先提出了"失踪女性"这个概念，"失踪女性"被用来指代那些因人为干预因素没能来到这个世界或者因家庭性别偏好导致较早死亡的女性人口。据阿马蒂亚·森估计，全世界约有1亿多名女性因为人为的性别选择而失踪，其中中国和印度两个人口大国占的比重最大，印度的几个邦出生人口性别比也都超过了120。我国人口学家研究发现"失踪女性"现象贯穿于中国整个20世纪，女性失踪的比例一直比较高，1940年前后更是达到了14%左右，1960和1970年代比例较低，而从1970年代后半期开始比例稳步升高，到2000年达到7%左右。李树茁、韦艳（2006）等人也分析了不同年代女性失踪的具体原因，1950年之前，战乱、饥荒等是导致女孩高死亡率的主要原因，自1980年之后，计划生育政策严格执行，政策规定的生育数量与群众的生育意愿之间出现了很大的差距，人为干预出生性别是女孩失踪的主要原因。根据李树茁等人的推算，1980年~2000年间出生的人口中，失踪女性的数量约为920万人，失踪女性比例占到4.2%。

中国是一个具有两千多年封建社会历史的国家，长期以来形成了男性中心主义的性别观念和生育文化，人们把"养儿"视作家庭乃至家族中的大事。特别是在农村地区，一个家庭的祖父母辈如果传宗接代的思想严重，一脉单传的家庭要传承香火，非一脉单传的家庭要男丁兴旺，那么儿媳妇生了个女孩就可能是整个大家庭的灾难。甚至有些家庭的老人从孙女出生就心怀不满，想方设法要把孩子送给别人家，让儿媳妇再生男孩。儿媳妇受的冤屈无处申辩，本应好好休养身心的"坐月子"期间要遭受冷眼、抱怨、谩骂甚至挨打，老人会把生女孩的责任全部推到儿媳妇身上，更有甚者将生女孩的媳妇说成是祸害。在这种家庭环境中长大的男性多数也会传承同样的性别观念和生育文化，他们不懂科学，不知道生儿生女主要取决于男方的染色体，生不出儿子就责怪妻子无能，一胎是女儿就要求妻子生二胎，二胎还是女儿就生三胎，直到生出儿子为止，他们不尊重妻子的想法和权利，不顾妻子是否有生育意愿。当然绝大多数家庭还是忌惮计划生育政策惩罚的，所以有些家庭会为了逃避计划生育政策的约束和惩罚，不给新生的女孩上户口，这些女孩从出生起就没有合法的身份，因为父辈重男轻女的封建思想被剥夺了幸福生活的权利。传宗接代的封建思想对于家庭的和谐稳定也有着很大的危害，日常生活中不乏见到因为生了女儿造成的夫妻不和，久而久之导致家庭破裂。家庭是社会的基本组成单元，家庭的不稳定会给社会带来很多负面问题。生育文化实际上是人们对于生育行为社会规范的文化认同，如果某地的生育文化是"重男轻女"，具有明显的男孩偏好倾向的话，那么当地家庭在生育决策中做出男孩性别选择，也是一种文化适应的结果。

在没有胎儿性别鉴定技术之前，对女孩的歧视很难在孕妇生产之前发生，于是多在婴儿出生之后采取溺婴等方式结束她们的生命，或是在女婴出生后对其采取忽视和虐待，女婴生病后得不到应有的医疗和照顾，甚至会被弃养。一个个刚降临到这个世界的生命转瞬就消失了，原因仅仅是生育她们的家庭不喜欢女孩，想要生育男孩。当然溺弃女婴的父母在心理上会有不同程度的罪恶感，尤其是母亲，很多情况下母亲是迫于家庭的压力才不得不同意杀死或丢弃自己的孩子。所以随着胎儿性别鉴定技术的问世和普及，大多数想生男孩的家庭选择由传统的溺弃女婴转变为性别选择性人工流产，因为除了信奉佛教、基督教等宗教的家庭，他们的信仰不允许堕胎，其他的家庭并不认为怀孕早期的胎儿有生命权，在这个阶段堕胎不属于杀生，自然也就没有负罪感。

出生性别比偏高、婴儿死亡率性别比偏低的根本原因是由经济、社会、文化、政策等因素影响造成的男孩性别偏好，男孩偏好、重男轻女的思想不改变，生育文化就得不到根本性的转变，法律赋予女性的生命权和生存权就得不到保障，"失踪女性"现象就会持续存在，出生性别失衡和婴儿死亡性别失衡现象也就不可能得到很好的控制。只有尝试多学科融合，通过制度、文化、教育、管理等多种手段，立足远期社会效益，才能从社会、家庭、个体等多个层面探索出科学有效的出生和死亡性别双重失衡治理对策，转变"重男轻女"的生育文化，使出生和婴儿死亡性别趋于平衡。

第五节　性别选择生育行为

受男孩偏好、重男轻女思想的影响以及计划生育政策的制约，人们人工干预生男孩的需求不断增长，这种需求滋生了非医学需要的胎儿性别鉴定和非医学需要的人工终止妊娠（简称"两非"行为）。"两非"行为是指除经医学诊断胎儿可能为伴性遗传病等需要进行胎儿性别鉴定和选择性别人工终止妊娠以外，所进行的胎儿性别鉴定和选择性别人工终止妊娠。通俗地讲，就是父母想有选择性地生育，绝大多数父母是为了生男孩。随着医学科学技术的快速发展，超声诊断、染色体检测等设备逐步普及，除了医学用途的疾病诊断外，它们也越来越多地被用于非医学需要的胎儿性别鉴定。当生育数量和婴儿性别不可兼得时，产前性别鉴定技术的普及成为父母获得理想子女性别的唯一途径。他们会想尽办法利用B超等超声诊断仪器鉴别胎儿的性别，如果发现是女孩，就会去医疗机构人工终止妊娠。在我国，采用药品和手术人工终止妊娠是合法的,任意一个生育服务机构都能提供相应的服务,并且经济成本也不高,这给非医学需要的选择性别人工终止妊娠提供了便利条件。这种鉴定胎儿性别、流产女胎的现象在农村地区非常普遍,越来越多的人认为性别选择生育行为是出生性别比持续升高的一个根本原因。

　　计划生育政策出台以前,人们的男孩偏好主要靠生育数量即多生孩子来解决,反复生育是典型、传统的获取男孩的做法,直到生出男孩为止。计划生育政策实施以后对生育数量进行了严格的限制,偏好男孩的家庭不能再像以前那样多生,就通过流产女胎或弃毙女婴等方式让女孩"失踪",这样他们既可以免受计划生育政策的惩罚,又可以获取生一个男孩的机会。"计划生育之父"田雪原研究员在计划生育政策实施30年后表示,其实在制定计划生育政策的时候就讨论过可能会发生性别选择的问题,对这个问题也有结论性的意见,即通过法律明文规定,不允许进行非医学的胎儿性别鉴定。但事实摆在眼前,很显然这个问题最终没有防住。从1980年代中期开始,部分地区又实行了"一孩半"政策,实践证明"一孩半"政策是将两个性别比失衡推向高点的一项政策。因为在"一孩半"政策内,只有头胎是女孩的才允许生第二个孩子,所以第二胎成了遵守政策的家庭想要获得男孩的最后机会和希望,这也是第二孩次出生性别比会比第一孩次出生性别比高出很多的原因。人为干预选择生育性别在"一孩半"政策出台后变得更加严重,可以说是这项政策彻底压歪了出生性别比的天平。

　　需求产生动机,动机引发行为。性别选择性生育行为显然离不开强烈的生育男孩的动机,但只有性别选择性生育动机还不能实施性别选择性生育行为,确切地说是做不到,因为没有性别选择性生育的技术无法判断胎儿的性别。所以性别选择性生育技术的可及性就成为实施性别选择性生育行为的前提条件。通过B超鉴定胎儿性别引流产女婴的做法一度很高调，直到2000年引起了国家层面的注意，此后国家开始调整计划生育工作重点，将重心转向打击"两非"行为，各级计生部门设立了打非办公室。但打非工作由计生部门来完成是非常困难的，某县打非办主任称其为"野火烧不尽，春风吹又生"，因为市场需求量太大，B超鉴定的利润太高，已经形成了一条产业链，打击效果不理想。从事B超鉴定的多是黑诊所，B超刚普及时，黑诊所主要集中在县城和乡镇，那个时候机器很贵，但男孩偏好严重的地区几乎每个乡镇都至少有一台，因为鉴定检查费再加上查出女胎的流产费用，基本几个月就能收回成本，这种暴利促使黑诊所铤而走险，甚至一些公立医院的医生也为了获利卷进这个产业链中来。计生部门的打非办执法权缺乏，法律对于开展"两非"行为的黑诊所和人员也没有明确的条款，打非办发现胎儿性别鉴定也仅是没收B超机器了事，这就意味着提供"两非"行为的违法成本太低，所以才会出现屡禁不止的状况。后来有了便携式B超之后，很多的鉴定检查都直接在车上进行，流动作业，给打非工作又增加了更大的难度。为进一步促进出生人口性别结构平衡、促进人口均衡发展，国家卫计委、国家工商行政管理总局、国家食品药品监督管理总局于2016年5月联合出台了《禁止非医学需要的胎儿性别鉴定和选择性别人工终止妊娠的规定》。这个规定对于肃清正规医疗机构开展"两非"行为是有用的，但对于"黑市"的"两非"行为起不到多少作用。

选择性生育行为是要付出成本的，包括B超鉴定费用、引流产费用、交通费用等直接成本，还有因为外出鉴定胎儿性别、流产等影响工作或务农造成的收入损失，以及对由此可能引发的生育风险的担心和对生理疼痛的恐惧等心理成本。性别选择性生育的动机需要达到一定的程度，才会转化成行为。一个地域的人们对男孩偏好越强烈，进行性别选择性生育的动机就会越强烈，实施性别选择性生育行为的比例就会越高。著名节目主持人孟非在其主持的金牌节目中，与一位来自潮汕的男嘉宾有过下面这样一段对话，这段对话就是男孩偏好生育文化盛行的真实体现。

孟非问男嘉宾对女嘉宾有什么要求？男嘉宾说对女嘉宾的要求是必须生男孩。孟非问他："如果生不出男孩怎么办？"，他说："我们潮汕人必须生男孩"。孟非又问："生不出男孩就离婚吗？"，他说："我们潮汕人不离婚，但必须生男孩"。孟非又问："如果就是生不出男孩呢？"，男嘉宾回答道："必须生男孩，这是我们潮汕人的传统"。

第六节　性别不平等的社会体现

男女平等是社会进步的一个重要方面，联合国开发计划署（United Nations Development Programme，UNDP）使用性别发展指数（gender-related development index，GDI）来反映与性别相关的人类发展的平均成就。根据分性别的出生时预期寿命、成人识字率、大中小学综合毛入学率、估计收入而计算出分值，分值越接近于1，表明人类基本能力发展中的性别差异越小，男女能力平等发展的程度越高。2014 年

"一带一路"①国家性别发展指数的平均值为0.935,男女存在显著的发展差异。此外,联合国开发计划署还基于GDI测算了世界主要国家和地区的性别不平等指数(gender inequality index,GII)。性别不平等指数是反映女性和男性在生殖健康、赋权和劳动力市场三个维度的不平等成就的综合度量指标,具体计算的指标包括:孕产妇死亡率、未成年人生育率、国家议会中的女性席位比率、接受过中等教育的性别比率、劳动力市场参与度性别比、避孕率、产前检查等生殖健康参数以及总生育率等。UNDP将"一带一路"国家的性别平等情况划分为五类:高平等、中高平等、中等平等、中低平等、低平等,中国位于中等平等国家的行列,排名第42位②。UNDP在《2014人类发展报告》中给予性别中等平等国家的评价是:性别法律体系自相矛盾,歧视性习俗严重,缺少政治参与配额,应对妇女暴力的法律不足。中国在男孩偏好领域被列为"严重歧视"。

无法否认,当今世界仍然是一个严重性别不平等的世界。2014年"社会制度与性别指数"统计数据发现:160个国家中只有55个国家在法律和实践中都给予了妇女平等的继承权;有102个国家的法律或实践拒绝给予妇女平等土地权;女性用于无薪酬劳动的时间是男性的三倍;有35%的妇女相信在某些情况下家庭暴力是合理的。

除传宗接代和养儿防老这两种封建思想的影响外,历史和制度因素也使得性别在中国被当成一种资源,而与女性性别相比,男性性别就是优势资源,在很多社会活动中,女性性别依然受到歧视。男女性

---

① 丝绸之路经济带和21世纪海上丝绸之路。
② 联合国开发计划署《2014人类发展报告》。

别的不平等体现在生存、教育、就业、财产收入、政治权利、家庭地位等多个方面,出生性别和婴儿死亡性别失衡就是女性被剥夺生存权的体现。随着我国社会经济的发展,新一代基础教育的平等性大大提高,但15岁及以上人口中女性文盲率仍然是男性文盲率的2.9倍,基础教育的性别平等还需要继续推动和加强。近年来,我国妇女参与国家事务的机会显著增多,国家制度中对于女性参与政治予以规定设置,包括女性参与政治的途径和比例等,这保障了我国妇女能够行使她们的政治权利。女性涉足政治领域难是全球的通病,大多数国家都是男性主导的社会,要想在政治权利上实现男女平等,任重而道远。女性参与就业劳动能帮助她们在不依赖于男性的情况下获得基本生活保障,享有财产及财产支配权,这往往是实现男女平等、提高女性地位的先决条件。女性就业面临的问题是错综复杂的,但最突出的问题还是就业市场存在的性别歧视现象,一些单位公然歧视女性,也有些单位暗箱操作想各种办法和理由淘汰女性求职者,"男女平等、机会均等"成了一句空话。这种约定俗成的男性性别优势文化一直在影响着大众,人们把光宗耀祖的希望都寄托在儿子身上,长此以往就形成了一个恶性循环,这个循环如果再不被重锤打破,在不久的将来我们的人口结构将严重畸形,由此引发的一系列社会问题将危及社会的稳定和安全。

世界经济论坛发布的《2017年全球性别差距报告》[①]向世界发出了一个不安的信号,2017年全球男女平等状况首次出现倒退,消除了

---

① 自2006年以来,世界经济论坛每年发布一份《全球性别差距报告》,对女性在教育程度、健康与生存、经济机会与政治赋权四大指标进行测评并排名。

68.0%的性别差距，略低于2016年的68.3%。2017年教育程度、健康与生存、经济机会与政治赋权等四项指标都有所下滑，尤其以女性经济与参政机会最为明显。报告估算，全球女性的平均年收入为1.2万美元，而男性为2.1万美元，男性比女性高出75%。报告预测按照目前的进展速度，需要再花100年时间世界才能实现全面的男女平等，如果单看就业的性别平等，则可能要再等上200余年。报告对全球144个经济体的性别差距状况进行了排名，冰岛蝉联榜首，成为全球性别最平等的国家。中国排名第100位，排名之所以这么靠后，主要受出生人口性别比的影响，这是影响中国全球排名的最大薄弱项。

出生性别比本身是一个具有很强生物性特征的自然化指标，这种特征的指标有着相对的稳定性与独立性，所以无论是计划生育工作者还是人口理论学者都认为出生性别比失衡是人为选择性生育造成的结果。婴儿死亡性别比也同样是具有生物性特征的自然化指标，具有较强的稳定性，这是西方发达国家的男性死亡率水平在一切年龄组中均高于女性死亡率的原因。

第七节 人口再生产能力下降

尽管目前我国仍然是世界第一人口大国，但印度近年来人口数量猛增，与我国的差距逐渐缩小。我国人口数量在全世界所占的比例正在逐年下降，生育率低且出生女性数量减少是直接原因，女孩数量减少代表着人口再生产能力的减弱。法国哲学家和社会学家奥古斯特·孔德（Auguste Comte）说过，人口决定一个国家的命运。21世纪以来，我国各方面的发展都取得了世人瞩目的成绩，民族复兴的进程正在快速地推进，我国有必要保持人口数量优势以及人口结构健康，为未来的发展提供人力供给保障。中国是世界上执行计划生育政策最为严格的国家，历时很长。与之相反，现在世界上生育率低的各个国家都在开展鼓励生育的计划。法国的深刻教训我们不能置若罔闻，由于采纳了托马斯·罗伯特·马尔萨斯（Thomas Robert Malthus）的人口论对人口规模进行控制，17世纪中期与中国相当的法国人口，在经历了三个多世纪以后变成了现在的0.6亿，而中国的人口超过了13亿。法国曾经是欧洲政治格局的主导者，可是随着人口规模的减少，法国也逐渐丧失了在欧洲的传统霸主地位，可见人口再生产能力的下降对一个国家的发展有着长期深远的负面影响。

第三章 人口政策产生的影响

随着世界人口迈入 70 亿大关,世界人口的总存量再登新的高峰,中国的人口存量也增加至近 14 亿,占全世界总人口的 20%。然而,就人口增量而言,包括中国在内的很多国家人口的增速由快转慢,部分国家已经跨入人口负增长的时代。世界人口增长速度放缓的主要原因是多个国家生育率的急剧下降,并且这种下降的趋势正在全球蔓延,越来越多的国家进入低生育率、低死亡率的人口转变时期,预示着劳动力资源总量正在不断萎缩、人口红利即将消失殆尽、人口老龄化问题势必日趋严重。

第一节 现行的人口政策

人口政策是一个国家或地区政府对于调节、指导人口发展变化而采取的相应的政策措施,如人口过快增长、停止增长或者出现人口负增长。不同国家或地区人口发展的情况不同,各自采取的人口政策也不尽相同，而且同一个国家或地区的人口情况也是动态变化的，所以人口政策还应该随着人口发展的实际情况做出动态的调整。人口政策有广义和狭义的区分。广义的人口政策是指政府为了达到预定与人口有关的经济和社会发展目标而采取一系列措施，旨在通过政策措施影响生育率、死亡率、人口年龄结构、文化教育程度，以及人口迁移和人口地区分布等方面的变化。狭义的人口政策则主要是指政府针对生育率变化采取的措施。现行的人口政策主要分为三种：

①调节人口自然增殖政策。这类政策通过直接规定预定时期的最低结婚年龄、人口规模或自然增长速度目标，影响妇女生育率的变化，达到调节人口自然增长速率的目的。国家在制定人口规模目标时必须要立足本国人口发展的近期、中期和长期预测，考虑到人口年龄结构的变化情况以及死亡率的总体变化情况等。

②国内人口迁移政策。这类政策往往用于政府想要发展某特定地区的农业、工矿业，或是为了疏散人口过密地区的人口以及巩固边防等。人口的地区分布可以通过人口迁移政策的实施来改变，也可以由不同地区制定不同的人口自然增长目标来实现。人口稀少的地区可以通过一系列优惠措施和待遇吸引人口迁移至本地区，而人口过于密集的地区则会出台一些政策措施限制人口迁移至本地区。

③国际移民政策。这类政策需要采用法律的形式来实施，分为迁入国和迁出国两种类型，移民入境国通过法律条文对不同来源国的移民进行选择性接收，而移民出境国则根据本国公民的实际情况对移民出境分别加以鼓励、限制或禁止。

第二节 生育率的变化趋势

随着社会经济的发展、女性就业率的增长、妇女地位的提高，人类的生育观念不断发生着变化，很多发达国家和城市的职业妇女不再愿意多生孩子甚至不愿意生孩子，生育水平大幅度下降，全世界三分之一的国家生育率都已经降到了世代更替水平（平均每个妇女生育2.1个孩子）以下。1950年~2010年，全世界妇女平均生育水平由5个孩子下降到2.5个，降幅达到了50%；中国的降幅更大，由6个孩子下降到1.5个；即便最不发达的非洲国家，其生育水平也下降了30%以上，目前总和生育率超过4个孩子的国家主要集中在东非和西非。由于生育率持续下降，越来越多的国家开始逐渐面临人口金字塔倒置现象，儿童和青年人占总人口的比例不断降低、老年人占总人口的比例不断增加，这种人口年龄结构的变化对经济发展、资源配置、社会稳定等方面都会产生巨大的影响。

一、发达国家的生育率变化

欧美发达国家经济发展起步早，人们的生育观念也同步地发生着变化，20世纪60年代生育率就开始下降，很多国家在1980年前后总和生育率已经降到了世代更替水平以下，2016年最低生育率水平达到了1.3。日本的生育率水平一直很低，近20年都处于1.5以下。部分发达国家总和生育率的变化趋势见图19。

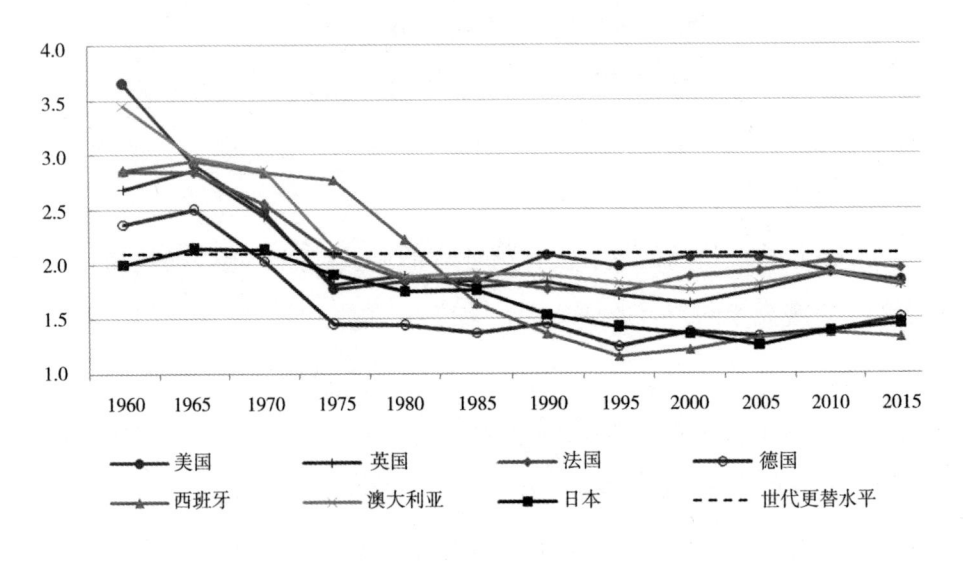

图19 部分发达国家总和生育率的变化趋势

二、亚洲国家的生育率变化

亚洲国家的生育率下降总体比发达国家推迟了近20年，2000年以后很多亚洲国家的总和生育率也都降到了世代更替水平以下（图20）。其中，韩国、新加坡、中国、泰国、越南、伊朗等国家的总和生育率下降幅度最大，新加坡下降得最早、最快，目前新加坡和韩国的总和生育率为世界最低水平，低至1.2。

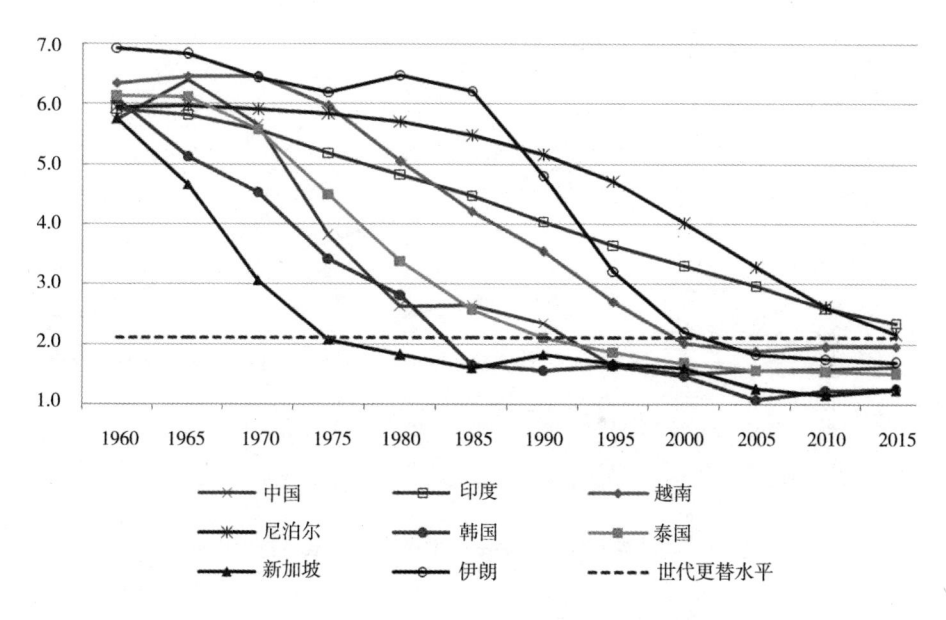

图 20　部分亚洲国家总和生育率的变化趋势

三、婴儿死亡性别比失衡国家的生育率变化

　　五个婴儿死亡率性别比失衡的国家中，苏丹是个例外。苏丹的女婴死亡率高于男婴，更多是由经济原因造成的，虽然近年来生育率也在下降，但总和生育率仍然维持在 4 以上。而出生性别比和婴儿死亡率性别比双重失衡的国家中，总和生育率则下降迅速，其中中国和越南都已降到了世代更替水平以下，中国的生育水平最低。值得注意的是，印度的总和生育率仍然保持在更替水平以上。婴儿死亡性别比失衡国家总和生育率的变化趋势见图 21。

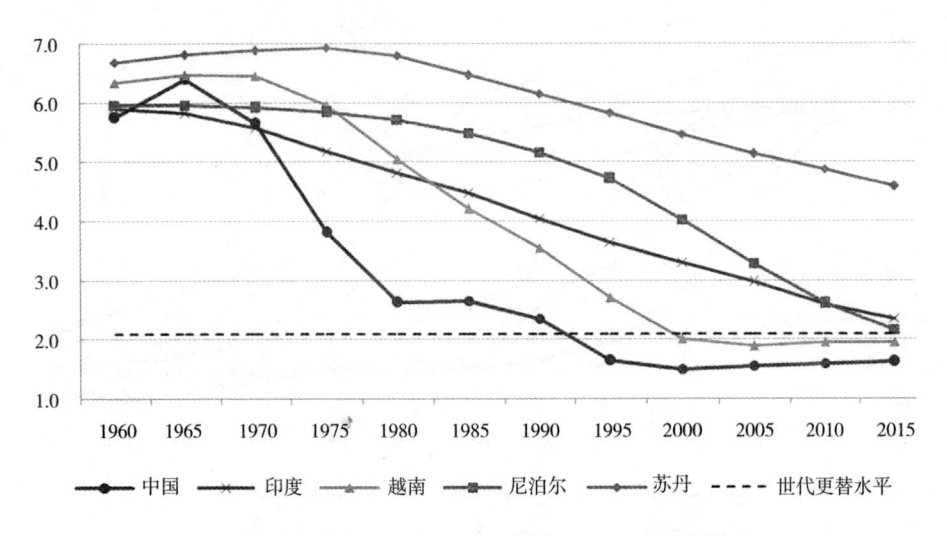

图21 婴儿死亡性别比失衡国家总和生育率的变化趋势

四、低生育陷阱

发达国家的经验表明，生育率一旦长期低至世代更替水平以下，即使再采取系列的生育鼓励政策，也几乎没有可能使生育率大幅提升，这就是所谓的低生育陷阱。低生育陷阱是由奥地利人口学家伍尔夫刚·卢茨（Wolfgang Lutz）提出的一个假设，即生育率一旦下降到一定水平（TFR = 1.5）以下，由于价值观发生转变、生存压力增加等多方面因素的共同作用，生育率会持续不断下降，很难甚至不可能发生逆转。即便是经济实力强、社会保障到位的北欧四国采取的优厚、全面的生育激励措施，也未能使他们的总和生育率反弹至更替水平。国际上公认总和生育率长期低于1.5的超低生育水平，无法完成马克思提出的基本的人口再生产任务。日本就是一个典型的例子，"二战"后曾经错误判断了长期人口形势，采取"少生少死、优养优育"的限制人口数量政策，短短十年总和生育率就下降到了2.0，之后生育率持续走低，人口增长率逐年下降，老龄化程度越来越严重。日本意识到了人口问题之后将人口政策调整为鼓励生育，力图提高生育率、改善人口结构，但鼓励生育政策并没有起到预期作用，日本的总和生育率常年徘徊在1.4的极低水平，人口已经出现了负增长。

国际估计的中国总和生育率与国内人口普查以及每年抽样人口数据推算的总和生育率有出入，国内普查数据显示中国的总和生育率要比国际估计的更低，所以我们相信中国已经陷入了低生育陷阱，放开计划生育政策不会出现生育率大幅上升。中国社会科学院人口与劳动经济研究所所长、中国人口学会副会长张车伟认为根据人口演变规律，一旦陷入超低生育率，就再也回不去了，所以中国没有可能再恢复到世代更替水平，刺激生育也很难产生明显的效果。放开计划生育是否会出现人口大爆炸这个问题，行业内人员、专家学者之间一直存在很大的争议，争论的根本点就在于放开计划生育后生育率会不会大幅度提高失去控制？曾有这样的观点，认为全面放开二孩的话，生育率会反弹到4.4左右。中国社科院人口与劳动经济研究所做了一个研究，研究结果表明如果全面放开二孩，每年的新生人口大概会接近2000万左右，研究者认为生育率大幅反弹的可能性几乎为零。实际上，即使彻底取消计划生育，生育率应该也不会大幅上升。在全国全面实行计划生育的20世纪80年代，有4个地区作为试点，没有实行计划生育，分别是甘肃省酒泉、山西省翼城、河北省承德、湖北省恩施。经过20多年的观察，这些地区的生育率也就维持在1.8左右。宽松的生育政策并没有引发人们所担心的较高的生育水平，想要3个或更多孩子的家庭已经少之又少。

第三节 各国的生育调节政策

一、鼓励生育政策

随着很多国家人口增长速度的放缓,甚至有些国家人口已经出现了负增长,越来越多的国家不再视生育为洪水猛兽,而是被生育水平的持续低迷困扰。在这种情况下,政府通过鼓励生育调节人口增速成为必然且唯一的选择。法国是世界上第一个迈入人口老龄化社会的国家,人口出生率持续下降,国家为了提高人口出生率,缓解人口老龄化的严重程度,采取了一系列人口政策措施,鼓励人们多生育。法国的在职妇女如果怀孕生育,至少拥有16周强制性带薪产假,并且用人单位必须保证保留她的工作岗位,在其生育期间,政府会给予生育补贴,帮助她们改善家庭生活条件,使妇女们可以在事业和家庭之间取得平衡,生育第三个孩子及以上的妈妈还可以获得额外的津贴。新加坡政府给每个生育孩子的家庭发放育儿津贴,生育两个孩子以上的家庭享受税收的高免税额,生育三个孩子还可以享受国家分配的住房;另外新加坡还有婴儿红利计划,政府会在一对夫妇生育第二个及以上孩子时,将钱存入他们的账户,用作支付孩子入托儿所或幼儿园的费用。西班牙的一对已婚夫妇每生育一个孩子,政府都会给予生育补贴,生育第一个孩子政府每月给予300欧元补贴,生育的子女越多,政府补贴的数额越大。但尽管如此,西班牙人还是不愿意多生孩子。

二、计划生育政策

泰国20世纪50年代以前推行的是提倡与鼓励生育的人口政策，到20世纪60年代中期，人口年平均增长率达到3.2%，出现了人口快速增长、人均耕地减少、粮食供应紧张的问题。于是20世纪70年代开始转变人口政策，大力推广家庭生育计划，经历20年时间使人口自然增长率下降了一半，总和生育率也随之降到了更替水平以下。

印度是世界上最早实施人口控制政策的国家之一，1951年印度政府就颁布了国家人口控制计划，但成效不理想。1970年代中期一度受到群众抵制而遭受挫折，1980年代开始采取宣传教育、对少生子女的家庭给以鼓励等政策措施，促进群众自愿接受小型家庭，以此来控制人口过快增长。有学者对印度和中国的计划生育政策进行比较研究得出，国家自主性较差和国家能力偏弱是印度计划生育政策执行不到位的主要原因（刘海燕、刘敬远，2010）。目前印度的总和生育率为2.3。

伊朗的计划生育政策历经了几个阶段，并最终在控制人口规模上取得了成功。1966年，伊朗在美国国际开发署的支持下实施了人口控制计划，培训了一大批计划生育技术人才，但控制效果并不明显，到伊朗伊斯兰革命前夕，总和生育率仍然为6。革命后的伊朗政府一度鼓励生育，特别是在两伊战争期间，为的是打造大规模的军队，保卫新生的伊斯兰共和国。在这一时期，伊朗的人口出生率达到了巅峰，每名育龄妇女平均生育6.5名子女。但鼓励生育政策给伊朗的经济带来了沉重的负担，两伊战争结束后，伊朗的财政状况已经无力支持众多人口。1989年新任伊朗总统阿克巴尔·哈什米·拉夫桑贾尼（Akbar Hashimi Rafsanjani）开始研究如何控制伊朗的人口数量，指示卫生部门与经济部门合作，在广大农村地区设立"计划生育诊所"为老百姓提供各类计划生育服务。此后，继任总统进一步加大人口控制政策的力度，在偏远地区设立流动医疗队，为无法建立"计划生育诊所"的地区提供服务。10余年的人口控制政策效果明显，伊朗的人口出生率持续下降，至21世纪伊始总和生育率降到了更替水平以下。2005年，马哈茂德·艾哈迈迪－内贾德（Mahmoud Ahmadi－Nejad）总统上台后，指责人口控制政策是西方对伊朗的阴谋，旨在削弱伊朗，伊朗的人口控制政策开始发生逆转。内贾德反对计划生育政策，彻底废除了人口控制措施，并且开始鼓励民众生育更多的孩子，鼓励生育的政策也相继出台，但目前看尚未取得明显成效，伊朗的生育率并没有出现反弹，总和生育率一直在更替水平以下。伊朗在废除计划生育政策之后，也并没有出现大家预想的人口生育高峰，生育率甚至没有恢复到世代更替水平，从另一个方面佐证了低生育陷阱的存在。

三、同性恋婚姻合法化

欧美国家的同性恋婚姻合法化也是影响其生育率的一个因素。加拿大和欧洲不少国家都已经将同性恋婚姻合法化，欧洲委员会的《欧洲人权手册》称同性恋关系等同于男女婚姻关系，并且宣传同性恋价值，这些国家的生育率普遍低于世代更替水平。美国在这方面没有走得太远，很多州都把禁止同性恋婚姻条款写入了州宪法，对于稳定生育率是一个重要的法律保障，美国凡是禁止同性恋的地区生育率都偏高。

四、美国采取的政策

美国人口近年来一直呈现快速增长趋势，已经超过了3.2亿，人口数量排名世界第三位，在发达国家中排名第一位。美国人口的增长主要得益于国际移民政策以及鼓励生育政策，美国是为数不多保持生育率在世代更替水平的发达国家之一。同时美国也一直在利用优越的条件和待遇吸引世界各地的人才移民美国，推行人才引进政策，大大提升了美国的国际竞争力。

第四节 生育率下降的原因

一、直接原因

生育率下降的直接原因有三个方面：第一是晚婚甚至不结婚的比例增加，第二是结婚后不想生育或是不想多生育，第三是政策制约生育的数量。日本近40年以来的生育率下降主要归因于延迟结婚与结婚率的下降。新加坡早期的生育率下降主要归因于女性婚姻推迟，后来婚内生育率下降成为主导因素。韩国则与新加坡相反，早期生育率的下降主要是因为婚内生育数量减少，后来生育率进一步下滑的主导因素是晚婚以及不婚。泰国、中国的生育率下降主要归因于计划生育政策的制约，当然生育意愿的影响也逐渐显现出来。全球化和现代化进程中的经济、人口、文化等因素都在抑制着人们的结婚欲望和生育欲望，这些抑制因素抵消了鼓励生育政策对生育率的提升作用。特别是经济的快速发展，可以有效地推动人口再生产类型的转变，在就业竞争激烈的情况下，绝大多数人为了改善自己的经济状况和社会地位而不得不放弃多生育子女的想法，这也印证了"发展经济是最好的避孕方法"的说法。

二、相关因素

利用获取的208个国家和地区的公开数据，包括总和生育率、GDP、人口增长率、出生性别比、人口老龄化、女性人口占比等，使用SPSS19.0对其进行双变量相关分析，结果显示总和生育率与GDP、出生性别比、老龄化程度呈显著负相关（$p<0.05$），与人口增长率呈显著正相关（$p<0.01$）。总和生育率的相关因素见表12。根据人口转变理论，长时期的经济增长会促成人类再生产模式由高出生率、高死亡率向低出生率、低死亡率转变，数据分析结果也验证了理论的正确性，目前世界上生育率最低的国家大多为欧洲或东亚发达国家，生育率最高的国家则大多是非洲发展中国家。

表12 总和生育率的相关因素

	总和生育率	
	Pearson 相关性	P（双侧）
GDP	-0.167**	0.022
人口增长率	0.758*	<0.001

续表

	总和生育率	
	Pearson 相关性	P（双侧）
老龄化程度	-0.700^*	<0.001
出生性别比	-0.401^*	<0.001

* 显著性水平 <0.01

** 显著性水平 <0.05

为深入分析总和生育率的影响因素，使用 SPSS19.0 统计软件对上述变量进行多元线性回归分析。将总和生育率作为因变量，经济、人口等因素的代表变量作为自变量以进入法带入线性回归模型，标准设定进入 <0.05 和去除 >0.10。结果表明，总和生育率的影响因素为人口增长率、老龄化程度、女性人口占比。多元线性回归结果见表 13。生育率随经济增长而下降在全球范围内是普遍现象，但真正决定生育率高低的不在于经济水平，而是人口学因素以及人口调整政策。

表 13　多元线性回归中总和生育率的影响因素

	标准系数	t	P^a	调整 R^2
人口增长率	0.594	9.304	<0.001	
老龄化程度	-0.345	-5.587	<0.001	0.709
女性人口占比	0.314	7.134	<0.001	

^{a} 显著性水平 <0.05

三、政府的角色

在生育率的转变过程中，政府扮演了怎样的角色？政府又应该扮演什么角色呢？半个多世纪以前，在 130 个国家和地区的总和生育率大于5的年代,韩国、新加坡的政府反应迅速,成为控制高生育率的先行者,他们没有采取强制性的生育控制措施,而是通过教育与各种宣传潜移默化地改变大众对多子女的偏好,大力资助计划生育服务,给予节育的家庭奖励,将人工流产合法化。遗憾的是,当生育率出现急剧下降后,韩国、新加坡等国政府却没能快速反应,对生育政策的调整严重滞后,韩国在总和生育率低于更替水平10年后才放弃人口控制措施,转而实行鼓励生育政策,新加坡更是滞后了12年。这其中有不同时期政府对人口理论和政策的重视差异,还有政府对人口暴增的恐慌、对生育率反弹的担忧、对低生育陷阱的认识不足等原因。很明显,我们国家的生育政策调整也出现了严重滞后,政府应该吸取其他国家的教训,及时调整人口政策。

第五节　中国的计划生育政策产生的影响

中国人口转变的趋势与世界基本一致,但中国的人口转变更为快速和剧烈。1965年~1970年,中国人口的年均增长率为2.7%,超过世界平均水平0.7个百分点,如果照此速度发展下去,中国人口预期在2000年前就会翻一番。所以中国采取了计划生育政策来避免发生爆炸性的人口增长,计划生育政策在控制人口规模上起到了积极的作用,自1990年起人口增速持续快速下降,人口自然增长率逐年降低。

一、我国的计划生育政策

计划生育政策是中国的一项基本国策，是世界上在人口数量控制方面最严格的人口政策。计划生育政策是我国建国以来制定实施的一项最重大的人口政策，政府采取多种措施来鼓励人们晚婚、晚育、少生、优生，主要目的是为了减缓人口增长的速度，稳定人口总数规模，提高人口素质，促进社会经济的快速发展。

我国的人口政策总体分为三个阶段：

第一个阶段是"一孩"政策。国家规定国家干部和职工、城镇居民，除特殊情况经批准者外，一对夫妇只能生育一个孩子；农村普遍提倡一对夫妇只生育一个孩子，如果某些家庭确实有困难要求生二胎的，经政府审批可以允许生育；对于少数民族也倡导计划生育，但在要求上各地可根据情况适当放宽。

第二个阶段是"单独二孩"政策。2013年中共十八届三中全会决定启动实施"单独二孩"政策，"单独二孩"政策是中国计划生育政策的调整措施，即允许一方是独生子女的夫妇生育两个孩子。2013年12月28日，《关于调整完善生育政策的决议》由十二届全国人大常委会第六次会议表决通过，"单独二孩"政策正式实施。2014年上半年，除新疆和西藏两个自治区外，其他29个省（直辖市、自治区）全部启动实施"单独二孩"政策。政策启动后，全国提出再生育申请的"单独"夫妇共27.16万对，未出现预期的大批生育潮。

在全国范围内进行估算，"单独二孩"政策预计会影响1500万～2000万人，他们是一方为独生子女且已育有一个孩子的育龄夫妻。由于此前我国实施的计划生育政策具有显著的城乡差异性，一孩政策主要针对的是城市地区，所以农村的独生子女要远远少于城市。这就是说新的"单独二孩"政策影响的主要是城镇育龄夫妻。国家卫生计生委针对符合"单独二孩"政策的群体进行了一次生育意愿调研，结果显示大约50%~60%的人有生育第二个孩子的意愿，不同地区不同城市的"单独"夫妇的生育意愿也不尽相同，大城市的"单独"夫妇二孩生育意愿较低，如北京、上海等，而在中小城市生活的"单独"夫妇，很多都希望可以生育第二个孩子。

第三个阶段是"全面二孩"政策。2015年10月，党的十八届五中全会提出全面实施一对夫妇可生育两个孩子的政策。2015年12月，十二届全国人大常委会第十八次会议表决通过《全国人民代表大会常务委员会关于修改〈中华人民共和国人口与计划生育法〉的决定》，明确"全面二孩"政策于2016年1月1日起正式施行。政策明确生育二孩无须审批，由家庭自主安排生育。"全面二孩"政策的正式落地距离"单独二孩"政策出台仅有两年时间。

2017年是"全面二孩"政策实施的第二年，我国出生人口数为1758万，相比2016年减少了88万人。其中，二孩出生人数比2016年增加了162万，2017年二孩出生人口占全部出生人口的比重达到51.2%，比2016年提高了11个百分点。值得关注的是，在"全面二孩"政策效果显现的同时，一孩的出生数量却有明显下降，2017年我国一孩出生人数比2016年减少249万。2017年的人口出生率为12.43‰，比2016年降低了0.52‰。2017年全国出生人口数量和人口出生率双双下降提示我们，"全面二孩"政策的实施对于改善低生育率的作用较小，效果不明显，当然由于政策实施时间太短，我们还不能现在就下结论。

2017年以来,全国多地出台鼓励生育二孩政策,如辽宁省印发的《辽宁省人口发展规划(2016－2030年)》,除了延长产假以外,还首次提出完善生育家庭税收、教育、社会保障、住房等政策。在限制生育政策的大框架下鼓励生育,会存在一些问题,这是生育自主权的双重禁锢,想生育多个孩子的家庭政策不允许生,只想生一个孩子或是想做丁克的家庭却被各种鼓励。虽然貌似公平,但对于提高生育率、改善老龄化状况可能没有太大的作用和意义。

二、现行计划生育政策的尴尬

为促进人口的长期均衡发展,积极应对人口老龄化的严峻形势,我国开始实施"全面二孩"政策,高龄经产妇的数量大幅增多。高龄孕产妇比生育旺盛期育龄妇女面临着更大的健康和出生缺陷风险,承受着更大的心理压力。高龄妇女想要生育二胎,不单纯是自己"想不想"生育的意愿问题,更多是担心自己还"能不能"生育以及"能不能"生出健康宝宝的现实问题。这种心理压力需要专业人员进行疏导和帮助缓解。高龄孕产妇还面临着岗位和经济压力。虽然劳动法明确规定用人单位不得在女职工怀孕期、产期、哺乳期解除劳动合同,但在企业就业的女职工表示仍然存在着不同程度的歧视和不平等待遇。此外,由于年龄以及一胎分娩采用剖宫产等因素影响,多数高龄妊娠产妇分娩采用剖宫产术,这也增加了生育的经济成本和家庭的经济压力。

"全面二孩"政策的放开引发了强烈的社会关注和热议,但出乎预料的是，民众的反应并没有呈现出政策预期的兴奋和期待，而是陷入了既幸福又纠结的两难选择。

28岁的小穆在被问到是否愿意生两个孩子的时候，一脸凝重，"我第一个孩子是个儿子，现在刚两岁，养这一个孩子都挺吃力的，还生两个呢？"小穆接着解释说现在养孩子的成本很高，奶粉、衣服、玩具要花不少钱，更要命的是教育，费心费力费钱。"那不想多个孩子养老吗？"面对这个养老的问题，小穆的话语里透露出无奈："当然希望，可是管不了那么远，我们现在的生活不宽裕，再说我觉得可能将来也指望不上孩子。"

年近40岁的李女士和她的丈夫盼计划生育政策放宽已经盼了好几年，现在终于等到"全面二孩"政策落地，她可以实现再生一个孩子的夙愿了。她说："我们家是个大家庭，上一辈人丁旺盛，大家互相帮助、互相照顾，气氛特别融洽。独生子女真的很孤单，特别想再生一个跟孩子做伴。"然而她在做完全面的身体检查后，这个愿望恐怕不能实现了。"医生说我的身体不适宜怀孕，给我泼了冷水，但我还是想调理好身体尝试一下。"

即便生育政策的变化给了人们前所未有的选择权，但在现实生活面前大众也必然有着自己的考量。对于是否享受这个权利，会面临着各种观念的交锋。

1. 传宗接代与轻松生活

多子多福是传统的中国家庭所向往的，老一辈人很多还秉承传宗接代的观念，家里如果只有一个女孩，家里的老人往往都希望能够再生育一个男孩。而对于现在的小夫妻来说，生育观念确实已经发生了很大的变化，不想多生的家庭比想象的要多，主要是随着生育成本和抚养成本的不断攀升，经济理性和追求生活自由度逐渐占了上风。毕竟现代社会的工作压力已经不小，生养两个孩子会给工作和生活增加很多的负担，包括经济和时间等，他们希望提高自己的生活质量。

2. 养儿防老与社会养老

养儿防老的观念深入人心，尤其在农村地区，多生育子女可以降低养老风险，人们认为这就是世代传承，是生养孩子的意义所在，去养老院养老是一件很丢脸的事情。另一方面，有些老人不舍得花钱去养老机构，选择待在家里养老。也有人认为，养老不一定要靠孩子照顾，现在的社会养老机构已经普及，养老服务逐步规范、完善和专业化，医养结合的推进给养老服务加了分。

3. 个人意愿与残酷现实

也有一些年轻的夫妻自己很喜欢孩子，有生育两个孩子的意愿，喜欢享受孩子给家庭带来的温馨和快乐。可是现实是残酷的，养孩子需要时间、精力和金钱，尤其是在一线大城市打拼的年轻夫妻，会面临住房、教育等残酷的现实问题，一定比例的家庭迫于现实不得已放弃这个生育意愿。

三、计划生育相关的法律和制度

《中华人民共和国宪法》第二十五条：国家推行计划生育，使人口的增长同经济和社会发展计划相适应。第三十三条：中华人民共和国公民在法律面前一律平等，国家尊重和保障人权。第四十九条：夫妻双方有实行计划生育的义务。

《中华人民共和国人口与计划生育法》第一条：为了实现人口与经济、社会、资源、环境的协调发展，推行计划生育，维护公民的合法权益，促进家庭幸福、民族繁荣与社会进步。第二条：国家采取综合措施，控制人口数量，提高人口素质。国家依靠宣传教育、科学技术进步、综合服务、建立健全奖励和社会保障制度，开展人口与计划生育工作。第十八条：国家稳定现行生育政策，鼓励公民晚婚晚育，提倡一对夫妻生育一个子女；符合法律、法规规定条件的，可以要求安排生育第二个子女。具体办法由省、自治区、直辖市人民代表大会或者其常务委员会规定。

2012年中共十八大报告提出坚持计划生育的基本国策，提高出生人口素质，逐步完善政策，促进人口长期均衡发展。2013年政府工作报告提出逐步完善人口政策，坚持计划生育基本国策，适应我国人口总量和结构变动趋势，统筹解决好人口数量、素质、结构和分布问题，促进人口长期均衡发展；重视发展老龄事业，切实保障妇女和未成年人权益，关心和支持残疾人事业。

2013年国务院机构改革和职能转变方案决定组建国家卫生和计划生育委员会（简称"国家卫生计生委"）。为更好地坚持计划生育的基本国策，加强医疗卫生工作，深化医药卫生体制改革，优化配置医疗卫生和计划生育服务资源，提高出生人口素质和人民健康水平，将卫生部的职责、国家人口和计划生育委员会的计划生育管理和服务职责整合，组建国家卫生和计划生育委员会。国家卫生和计划生育委员会的主要职责是，统筹规划医疗卫生和计划生育服务资源配置，组织制定国家基本药物制度，拟订计划生育政策，监督管理公共卫生和医疗服务，负责计划生育管理和服务工作等。将国家人口和计划生育委员会的研究拟订人口发展战略、规划及人口政策职责划入国家发展和改革委员会。

四、对计划生育政策的评价

对于我国采取的严格计划生育政策及其实施效果，众说纷纭，有正面的评价，也有负面的评论。然而对于一个世界第一人口大国采取的人口控制政策，我们需要结合国情客观地去评价。

1. 对经济社会发展做出贡献

国家卫生计生委估计如果当初不实行计划生育政策，今天我国的人口将达到18亿，人均耕地、粮食、能源、淡水、森林等资源将比目前减少20%以上，也就是说计划生育让我国累计少生了4亿多人，大大减轻了人口过快增长给资源和环境带来的压力。自从实施计划生育政策以来，我国人口出生率由1970年的33.4‰下降到2016年的12.9‰，人口自然增长率由1970年的25.8‰下降到2016年的5.9‰，是世界平均水平的一半。国家卫生计生委新闻发言人毛群安表示，国家实行计划生育政策是完全正确、符合国情实际的，如果当初不实行计划生育政策，不仅资源环境难以承载发展的需要，经济社会发展也不可能达到现在这个水平。

中国是主动通过调整人口发展来适应社会生产力发展水平和自然资源条件的，卓有成效地减小了出生人口惯性带来的负面影响。有研究表明，我国因计划生育少生的4亿人口，仅儿童抚养费这一项就为社会节约7.4万亿元。试想如果让这4亿人口出生，会对住房、教育、医疗、交通、就业等问题造成怎样的压力？仅从这一个角度去评价，我国当初在改革开放发展社会生产力的同时，把计划生育作为一项基本国策，提倡一对夫妇只生育一个孩子是着眼于子孙后代的长远利益，是明智的举措、利国利民，计划生育也是我国改革开放能取得举世瞩目成就的一个重要支撑。

2. 侵犯公民权利

部分人认为生育自由应该是公民最基本的一项权利，每个人及其家庭都应该有这种自由，可以自由地生育和抚养孩子，延续血脉，从中得到幸福、快乐、亲情。纵观历史，人类社会永恒的进步就是自由和解放。可是中国的计划生育政策是强制性的，是世界上执行最为严格的人口控制政策，它侵犯了公民生育自由的权利。此外，由于我国在改革开放之初面临人口高峰，人口控制迫在眉睫，国家迅速果断地做出人口控制决策，没有充分地开展民主讨论，计划生育政策的出台有些仓促。他们认为改革开放对人口发展的利好影响不如对政治、经济、社会和文化领域明显，认为改革开放后采取的严格的计划生育政策效果并不突出，还不如改革开放前，匆忙实施的计划生育政策对社会发展产生了极大的负面影响。

有些人认可在 20 世纪的经济发展过程中人口控制政策做出的贡献。经济社会的整体发展是一个国家的公权，为了国家公权而放弃个人的私权可以接受，但他们认为现在到了新世纪，当初的经济问题已经得到解决，那么个人的私权就应该在允许的范围内得到适时的解放。这种观点主要针对的是生育政策的放宽和放开，主张根据经济社会的发展状况及时地调整生育政策。

3. 法律不健全

法律的不健全也滋生了一些负面声音。由于我国计划生育政策的相关法律体系不完善，有时候执法人员在执法过程中会缺乏法律法规的依据，从而出现滥用职权的现象。再者，计划生育执法权是国家赋予相关行政人员的一种职权，具有很强的严肃性和规范性，可是执法人员往往在执法过程中带有明显的个人色彩，将国家赋予的这种工作权力演变成个人权利，借此谋取私利、打击报复，在群众中造成非常不好的影响。

生育本来是属于个人的私密事情，但是随着计划生育政策的出台和实施，生育已经变成了由政府强制管理的公开事务，出于对公民隐私权的尊重和保护，政府部门在管理和执法过程中应该尽量保证不公开公民的隐私信息。然而由于计生管理和执法队伍的素质参差不齐，部分计生执法人员的法律意识比较淡薄，在执法过程中出现泄漏、公开甚至宣扬公民隐私的问题。特别是在一些偏远落后的地区，计生人员的素质和学历普遍比较低，计生队伍也不稳定，他们缺乏学习法律法规知识的机会，即使对他们进行了法律法规知识的培训，其接受度也不高。再加上基层工作很繁忙，作为国策的计划生育任务重且都是硬性指标，他们认为如果都按照法律程序来做事的话，计生对象早就跑到外地去了，为了完成任务，他们很难顾及程序的规范性。有些计生人员是出于个人的利益，在执法的过程中表现随意，人情执法、滥用职权、金钱交易等违法事件常常发生。生育下一代在任何一个国家都是人们极为关注的事情，很多家庭将其视为至关重要的大事，所以相关的执法人员必须要依法开展工作，转变执法理念，彻底从传统的"人治"转变为现代的"法治"。

4. 超生的高额代价

为了将计划生育政策很好地贯彻下去，国家对于超生的家庭会给予惩罚。例如征收社会抚养费，这既是对于违反政策的惩罚，同时也是社会公平性的一个体现。但有些人认为社会抚养费的征收额度定得太高，很多家庭缴纳不起，特别是经济能力差的农村家庭，国家在制定社会抚养费缴费额度时应该予以考虑。很多农村家庭因为交不起社会抚养费而被迫背井离乡，甚至有被"抄家"的现象。对于有国家公职的人如果超生，那么还将会面临失去工作的高额代价。

5. "一孩半"政策的失误

一孩半政策指的是从1984年起针对农村居民调整的弹性计划生育政策，农村家庭生育的第一个孩子为男孩就不能再生育，而第一个孩子为女孩的则在间隔4年后允许生育第二个孩子。中国的计划生育政策本来是意图不分城乡，除部分少数民族外，全国绝大多数夫妇都只允许生育一个孩子，即一孩政策。然而，一孩政策在城市推行得比较顺利，在农村遭遇到了部分农民的强烈反对，因此19个省（自治区）选择在一孩计划生育政策上划一道口子，调整为一孩半计划生育政策。一孩半政策在当初制定执行的时候被视为是体恤民情的表现，是一种政策纠偏，但实际上一孩半政策给社会传递了一个错误的信号，就是大众认为政府支持重男轻女的生育文化。一孩半政策隐含着女孩的价值远不及男孩，在一定程度上助长了农村居民重男轻女的观念，客观上形成了一种人为诱导。前面已经提到，执行一孩半生育政策的地区出生性别比要远高于执行一孩和二孩生育政策的区域，所以一孩半政策间接地鼓励了产前性别鉴定、遗弃女婴等不良现象，造成了出生性别比与婴儿死亡率性别比失衡的现象。

在湖北省实施一孩半政策的年代，湖北省的恩施州生育政策最为宽松的一个地区，恩施州的农村普遍实行二孩政策，其他地市的农村都实行一孩半政策。第六次人口普查结果显示，恩施州的生育水平在湖北省各地（市、州）中是最高的，出生性别比最低（110），远低于湖北全省124的水平。

6. 生育政策调整滞后

我国当初在制定计划生育政策的时候，确实没有想到我们会在短短的18年时间里就迈入了老龄化社会，因为当时的核心思路就是控制人口。虽然中国现在所面临的低生育率造成的问题，在制定政策的时候也都有预期，1980年《中共中央关于控制我国人口增长问题致全体共产党员、共青团员的公开信》中提到："一对夫妇只生育一个孩子，将来会出现一些新的问题：例如人口的平均年龄老化、劳动力不足、男性数目会多过女性、一对青年夫妇供养的老人会增加。"但却一直没有好的策略和措施去避免或延缓问题的发生和发展。其实计划生育政策实施的30余年期间，在生育率达到低水平、出生性别比严重失衡、快速老龄化这些时间节点上，我们都应该用适度的人口政策调整去回应，而不是等到重疾缠身再去改变。计划生育政策调整最大的阻碍还是政府对生育率反弹的担忧，关于这个问题前面已经探讨过，东亚地区韩国、新加坡、日本以及欧洲诸国的实践早已证明，即便政府紧锣密鼓地出台各项生育鼓励措施，生育水平都始终未见明显回升，更不用说大幅度反弹。国务院印发的《国家人口发展规划（2016－2030年）》中提出了一个预期发展目标，中国的总和生育率在2020年达到1.8，从目前的情况来看，这个目标很难完成。从政策制定的角度，我们应该有所反思，30多年前政府果断地施行严格计划生育政策，为经济发展铺好了路，取得斐然成绩，那么今天依然应该审时度势，果断放开计划生育政策，为国家长久健康发展开路。

第六节 中国生育率的变动

以人口变化的现实来看，中国显然早已进入低生育率时代，已属于世界人口分布中低生育率国家的重要组成部分，2010年中国人口普查的结果再次印证了这一点。中国生育率的快速下降，一部分原因是受到计划生育政策的影响，但根本原因还是在于社会经济的发展、教育和收入水平的提高、妇女的就业率增加等引起的生育行为改变。中国人口变化的趋势与韩国、新加坡如出一辙，与东亚及世界上绝大多数低生育率国家所不同的是，中国在生育率掉到更替水平以下20年以后，不仅没有出台鼓励生育的措施，还在继续实行严格控制生育的政策，而与中国生育水平相仿的国家中，大多数都已出台鼓励生育政策。

一、生育率水平

中国在1990年代中期生育率就已经下降到更替水平以下，2000年第五次人口普查结果显示总和生育率更是低至1.2，可是如此低的生育率却并没有通过政策调整去应对，致使生育率长期维持在超低水平，最低时生育率跌至1.0。2000年~2015年中国总和生育率的变化情况见表14。

表14 2000年~2015年中国总和生育率及分孩次总和生育率（‰）

年份	总和生育率	一孩总和生育率	二孩总和生育率	三孩及以上总和生育率
2000	1218.1	859.5	292.2	66.4
2001	1387.4	1006.1	328.1	53.2
2002	1382.7	934.4	319.1	129.2
2003	1398.1	1007.7	331.5	59.0
2004	1443.5	1045.6	353.2	44.7
2005	1332.6	885.7	383.6	63.3
2006	1378.6	941.0	389.2	48.5
2007	1429.6	979.1	401.9	48.8
2008	1468.3	1004.4	412.5	51.6
2009	1364.2	916.9	400.6	46.7
2010	1181.1	724.6	378.4	78.2
2011	1039.8	675.4	317.3	47.0
2012	1256.7	808.1	391.5	56.6
2013	1236.4	789.4	390.2	56.1
2014	1278.4	734.4	459.2	84.3
2015	1054.3	562.1	416.9	75.4

注：2000年数据来自第五次人口普查，2010年数据来自第六次人口普查，2001年、2002年数据来自《中国人口统计年鉴》经计算得到，其他年份数据来自历年《中国统计年鉴》经计算得到。

从表14分孩次总和生育率的数据看，一孩生育率呈明显下降趋势，这与当下流行的生育文化有关。从社会学角度解释出生率下降的原因是生育意愿和婚育文化在社会转型中发生了根本性变化，1980年代以来形成的以"晚婚、晚育、独生"为基本特征的新型生育文化对年轻一代的生育行为产生了非常深刻的影响。过去的20年,中国女性的初育年龄从22岁推迟到了26岁。所以说一孩出生数量的下降,一方面固然与生育旺盛年龄段妇女数量的减少有关,但也与新生代母亲群体中流行的生育文化息息相关。2017年的生育主体人群基本上是80后和90后,假定她们的平均生育年龄还能维持在26岁,那生育力旺盛的母亲群体也应该是90后了。80后和90后基本上都是独生子女,他们的生育意愿普遍较低,他们在做出生育决策的时候,不会考虑国家的需要以及家族的人丁兴旺,而是会更多地去考虑生育对自己的工作和生活造成的压力、负担、羁绊等等的不利影响,身为独生子女的他们有自己减压式的生活方式,从而更倾向于选择晚育、少育和不育,更容易接受低生育文化,这属于生育的社会遗传性和文化惯性。

低生育文化印证了发展是最好的避孕药,随着社会发展水平和家庭生活水平的提高,生育意愿和生育能力却呈现出代际弱化的趋势,年龄越低的育龄妇女群体生育意愿越低。可以判断,中国已经步入政策性和意愿性双重低生育模式,这种低生育模式是内生性的,虽然"全面二孩"政策的有限正向效应确实得到了释放,但我们必须清楚地认识到2016年和2017年出现的集中生育和出生堆积现象,只不过是生育政策放宽的初始激发效应,作用的是年龄偏大的母亲,她们因为身体原因怕再不生二孩就没有机会了。而年轻的母亲在二孩生育决策过程中则更加理性和稳健,"全面二孩"政策对她们没有产生预期的效果。随着现代社会发展的规律以及生育意愿的降低,极有可能出现的情况是,即使废除了计划生育政策,生育率仍然无法恢复到世代更替水平,甚至继续维持在低生育水平。因此,我们应该积极开展科学研究，测算完全放开计划生育政策对生育水平的激发效应，包括短期和长期效应，为生育政策进一步调整提供科学依据。

二、生育率的地区差异

中国的总体生育率水平很低，而且存在着明显的地区差异。生育率最低的是两类地区：一类是特大城市如北京、上海、天津三个直辖市，大城市经济的快速发展吸引了大量的年轻流动人口，他们为了更好的生活承受着很大的工作压力，生育意愿很低；另一类是东北地区如黑龙江、吉林、辽宁三个省，东北三省的经济萧条促使年轻人口大量流出，育龄妇女的数量减少。生育率最高的是广西、贵州、新疆、海南四个少数民族占比较高的省（自治区）。生育率水平的地区差异见图22。

三、分年龄段的生育率

从图23可以看出，随着二胎政策的逐步放开，35岁以上的育龄妇女生育率略有上升。受不良性文化的毒害，青少年妊娠已经成为一种社会现象，15~19岁女孩生育率也在增长。而作为生育主力军的20~34岁旺盛期育龄妇女的生育率却呈现下降趋势，这也是总和生育率下降的原因。

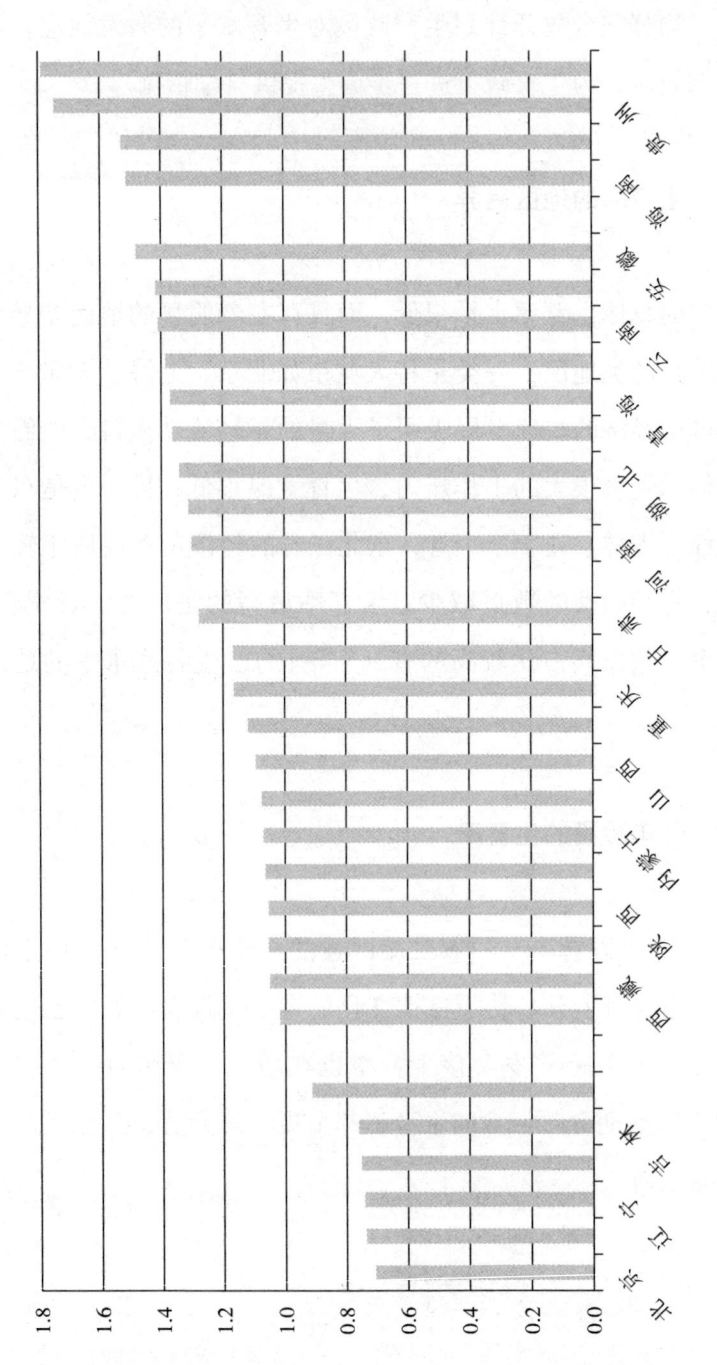

婴儿出生和死亡性别比双重失衡的影响和对策 >>>

图 22　2010 年全国生育率地图

84

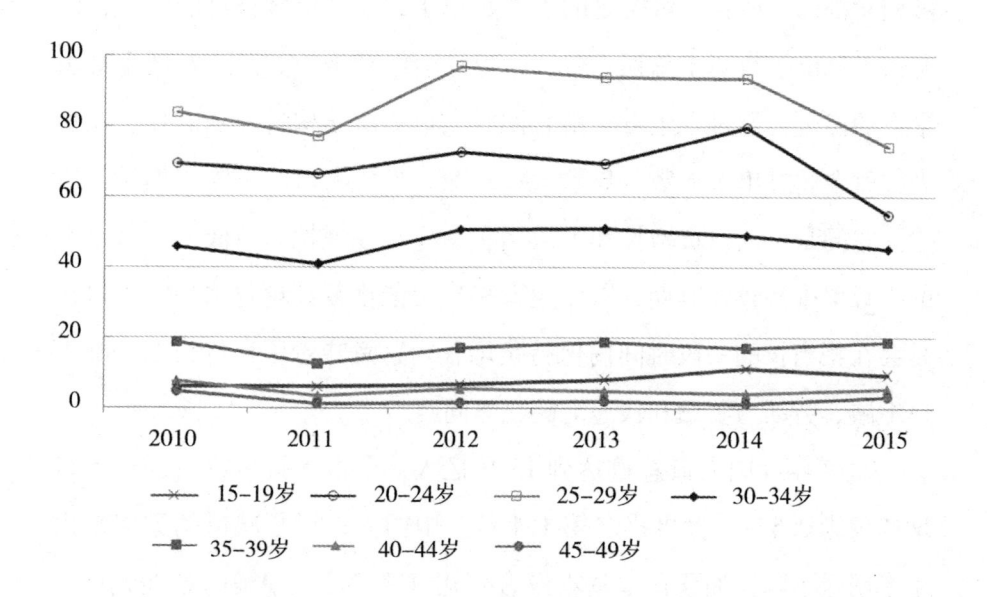

图23　2010年~2015年分年龄段育龄妇女生育率变化情况

第七节　人口的变化

一、总人口的变化

生育水平下降至更替水平以下，不等于人口增长会马上停止，这是人口增长的惯性在发挥作用。世界上64个生育率低于更替水平的国家中，45个国家的人口规模仍在继续扩大。例如，新西兰的总和生育率不到1.9，但其人口增长率仍然达到2.1%。这些国家的人口增长属于人口学中的惯性增长，也就是过去的高生育率形成了目前庞大的育龄妇女群体，尽管每对夫妻的生育数小于其需要更替自身的水平，但是由于总出生数高于总死亡数，人口还会继续增长。但随着低生育水平下的出生人群进入生育年龄，同时人口年龄结构进一步老化，死亡人数就会超过出生人数，导致人口缩减，形成人口的负增长惯性。值得注意的是，人口负增长和人口增长一样存在惯性，当低于更替水平的生育率维持较长时期，即使生育率有可能恢复到更替水平，人口还是会在相当长的一段时间内保持负增长。这意味着国家将长期面临人口缩减、劳动力萎缩和快速老龄化等问题。

2017年我国人口总量达到13.9亿人，全世界排名第一，但人口增速仅为0.5%，世界排名第154位。中国人口增长减速的原因是出生率明显下降，而死亡率基本没有变化（图24）。中国的男性人口一直多于女性人口，目前差值在3300万左右。1980年~2016年中国的人口变化情况见图25。世界人口数量排位第二的印度，人口增长率仍然保持在1.1%，是中国的2倍多，2017年人口数达到13.4亿，与中国仅存5000万人的差距。按现状推算，印度再有5~10年的时间就会超越中国，成为世界第一人口大国。

<<< 第三章 人口政策产生的影响

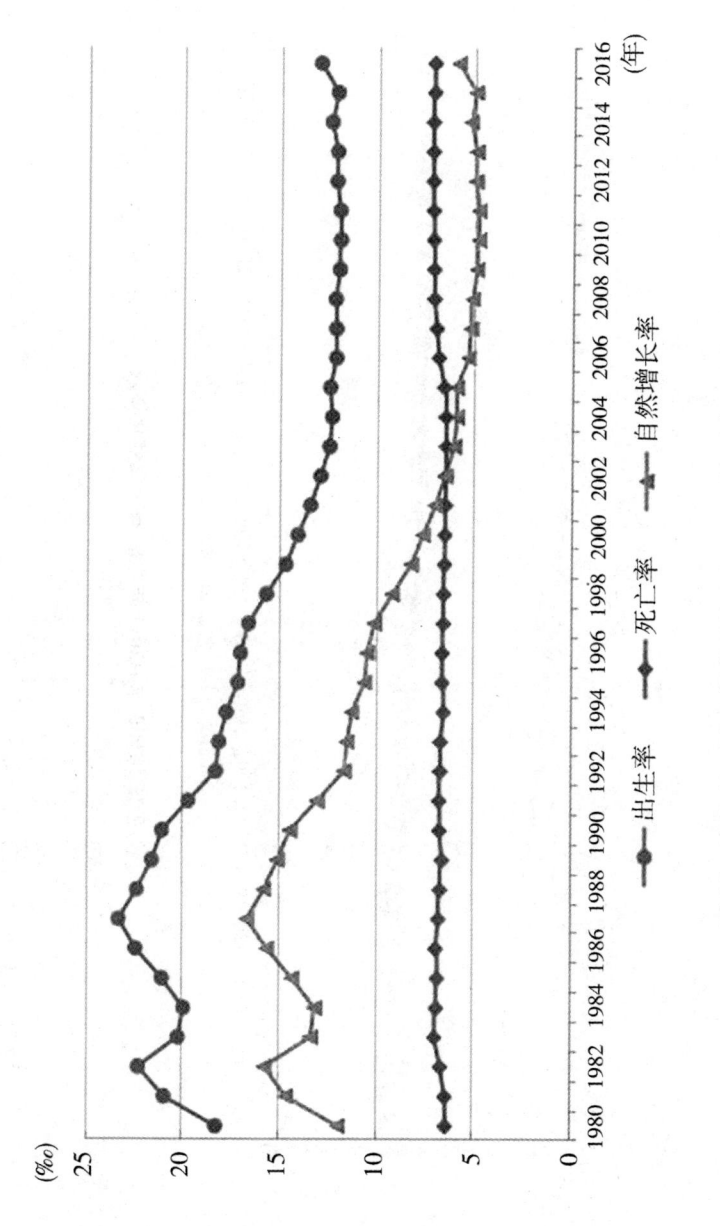

图24 1980年~2017年中国的出生率、死亡率和自然增长率

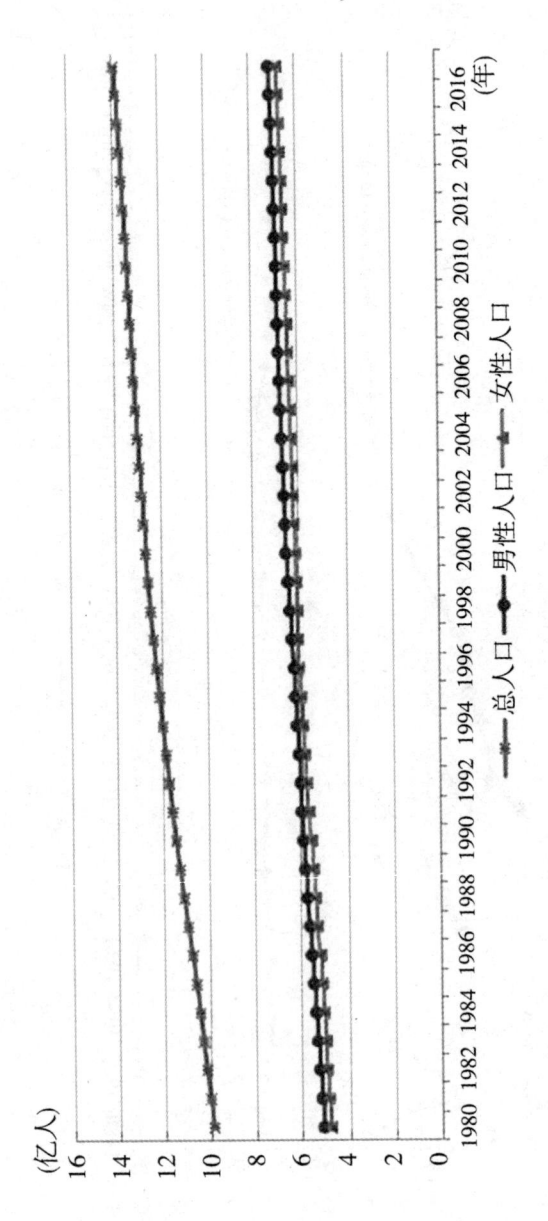

图25 1980年~2017年中国的人口变化情况

二、人口结构的变化

1. 人口年龄结构的变化

如图 26 所示，中国人口年龄结构呈现波峰后移的趋势，而且后移速度很快，无论男性还是女性，均显示出一致的变化趋势。这是危险的信号，提示我们老龄化进程的加速。60 岁及以上老年人占总人口的比重由 2010 年的 13.3% 升高至 2014 年的 15.6%，65 岁及以上老年人占总人口的比重由 2010 年的 8.9% 升高至 2014 年的 10.1%，80 岁及以上高龄老人占总人口的比重由 2010 年的 1.6% 升高至 2014 年的 1.9%。而 15 岁~49 岁育龄妇女占总人口的比重却在下降，特别是旺盛期育龄妇女。中国育龄妇女和老年人口的变化情况见图 27。

2. 育龄妇女的变化

我国 15 岁~49 岁育龄妇女数量正在减少（图 28），2014 年育龄妇女比 2010 年育龄妇女减少了 1172 万人，15 岁~49 岁育龄妇女占总人口的比重由 2010 年的 28.5% 下降至 2014 年的 26.9%，20 岁~34 岁旺盛期育龄妇女占总人口的比重由 2010 年的 12.1% 下降至 2014 年的 11.9%。2000 年、2010 年、2014 年分年龄段育龄妇女占总人口的比重见图 29。从发展的眼光看，再过 5 岁~10 年，生育旺盛期的育龄妇女数量还将大幅下降。

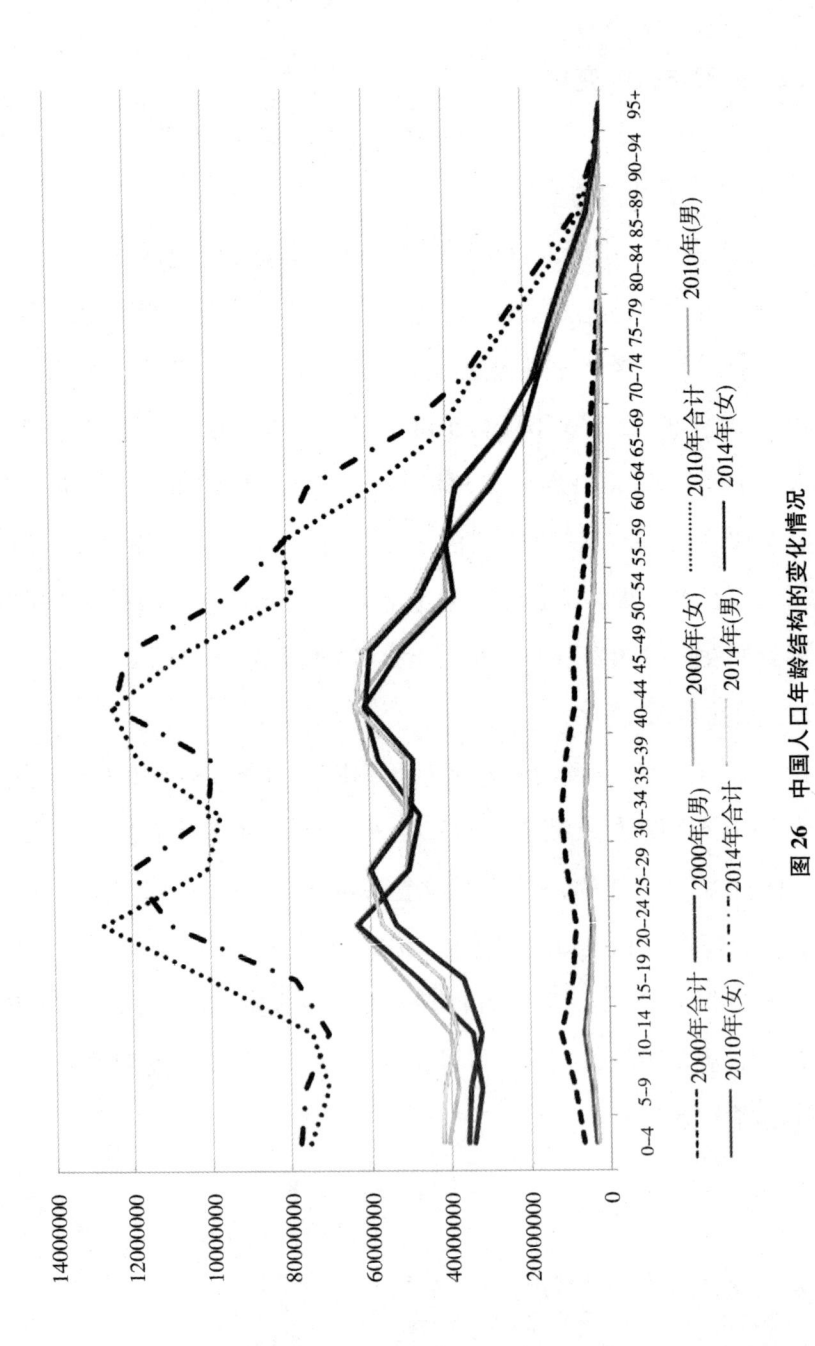

婴儿出生和死亡性别比双重失衡的影响和对策 >>>

图26 中国人口年龄结构的变化情况

<<< 第三章 人口政策产生的影响

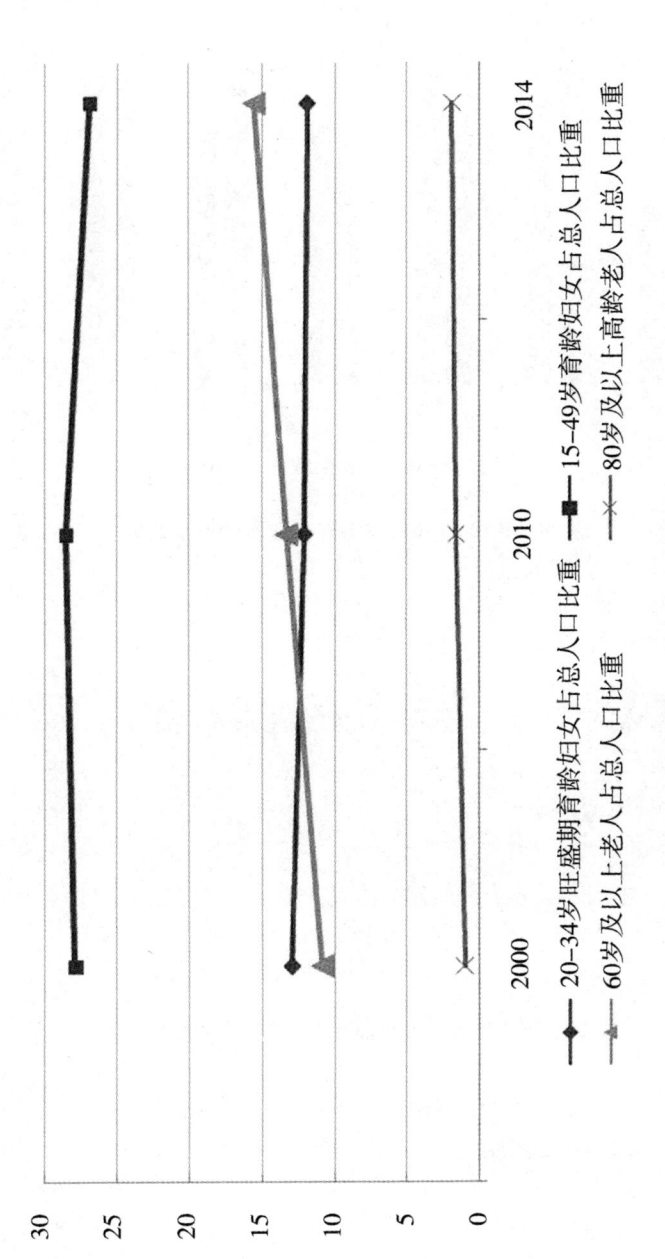

图27 中国育龄妇女和老年人口的变化情况

婴儿出生和死亡性别比双重失衡的影响和对策　>>>

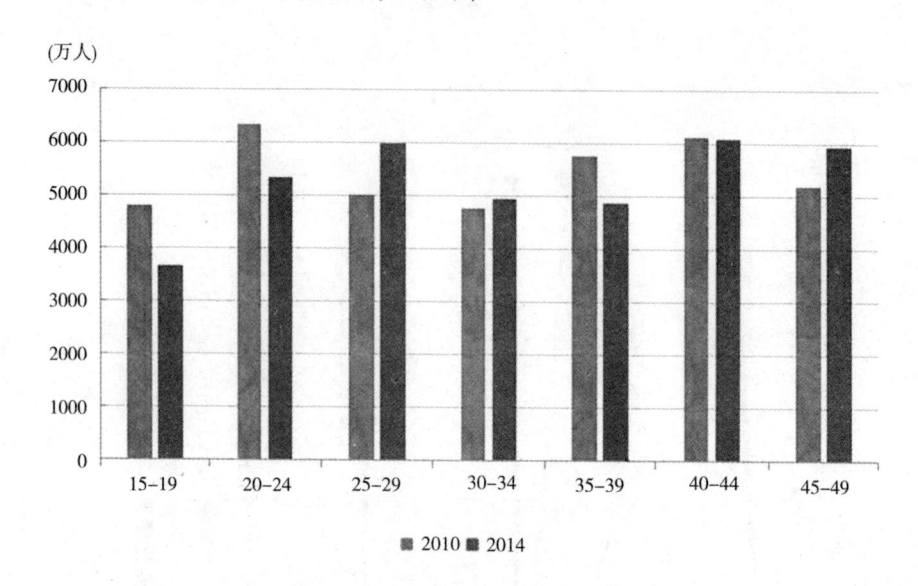

图28　2010和2014年分年龄段育龄妇女数量

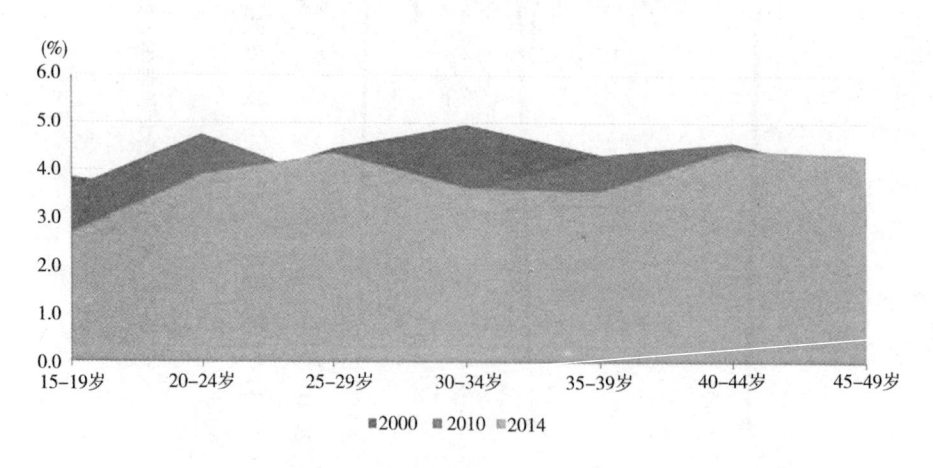

图29　不同年龄段育龄妇女占总人口比重变化情况

三、人口的现代化程度

我国的人口发展与社会生产力发展水平、自然资源条件相适应的程度较低。与世界其他国家相比，我国的人口现代化程度处于中等偏上水平，我国的人口密度为每平方公里 147 人，是美国的 4 倍，与法国水平相近，不足日本的一半。表明我国人均占有重要自然资源的情况与法国相似，优于日本，但远不及美国。中国的农业用地面积占土地面积的比例约为 55%，在世界 200 个国家中排在第 50 位，但由于我国的人口基数大，所以人均农业用地面积少，反映出我国人口发展与自然资源条件之间的矛盾。鉴于我国各级政府的有效治理和决策，才能够利用世界 7% 的耕地养活了近 20% 的人口，而且人民的生活水平不断提高，这既是中国自身的发展，也是中国对世界做出的贡献。

从我国内部看人口的现代化程度，表现为人均资源相对不足的征象，生态环境脆弱并呈现出恶化的趋势。区域间呈现出较大的不平衡，城乡之间存在明显的差异，特别是人口分布差异大，城镇人口占比逐年增加，1980 年我国 80% 的人口生活在农村，到 2010 年城乡人口数量基本相同，到 2017 年城镇人口数量占比达到了 58%。农村人类发展指数仅为城镇的 80%，农村婴儿死亡率是城市的 2 倍，农村孕产妇死亡率是城市的 1.2 倍。

第四章 人口老龄化

根据联合国给出的定义，当一个国家或地区60岁及以上老年人口数量占总人口比例超过10%或者65岁及以上老年人口数量占总人口比例超过7%时，这个国家或地区就进入了老龄化社会。民政部三年前做过数据预测，预计2020年我国60岁以上老年人口数量将达到2.4亿，2025年将突破3亿。而事实上，2017年60岁及以上人口就已经达到了2.4亿，占总人口的比重为17.3%。以这个增速推算，五年内60岁及以上人口就可能突破3亿。中国人口老龄化的发展趋势如图30所示，可以看出人口老龄化的发展在未来三十年仍然呈现加速趋势，预计将于2050年前后达到顶峰，随后进入重度老龄化阶段。

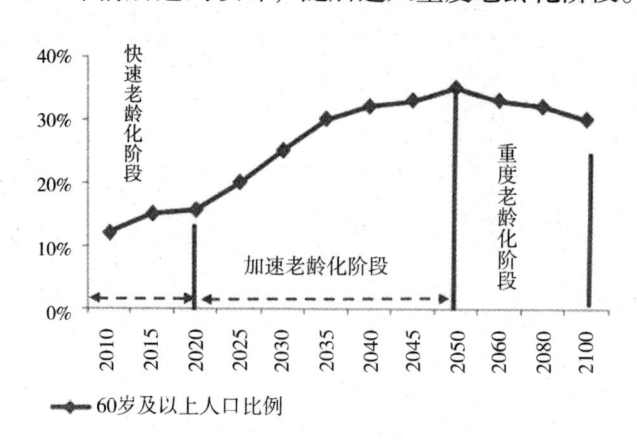

图30 中国人口老龄化的发展趋势

第一节 人口老龄化的国际形势

一、发达国家的人口老龄化状况

法国是第一个迈入人口老龄化的国家，用时115年，2017年法国65岁及以上老年人占总人口比重为19.7%，全球排名第十位。日本是近20年来老龄化加速最快的国家，2017年65岁及以上老年人占总人口比重为27.1%，排在第一位。发达国家老龄化进程一般都长达数十年，瑞士用了85年，英国用了80年，美国用了60年。德国的老龄化程度也很高，2017年65岁及以上老年人占总人口比重为21.5%，排在第四位。人口老龄化排名前十的国家还有意大利、葡萄牙、芬兰、保加利亚、希腊、瑞典、拉脱维亚等国，除日本外，其他均为欧洲国家。部分发达国家老龄化程度及变化趋势如图31所示。

二、亚洲国家的人口老龄化状况

至2017年，有12个亚洲国家的65岁及以上老年人占总人口比重超过了7%，除日本外，多数亚洲国家都是在2000年前后才迈入老龄化社会。其中，老龄化程度相对严重的是韩国、新加坡、中国和泰国等，呈现出快速老龄化的发展趋势。部分亚洲国家老龄化程度及变化趋势如图32所示。

婴儿出生和死亡性别比双重失衡的影响和对策　>>>

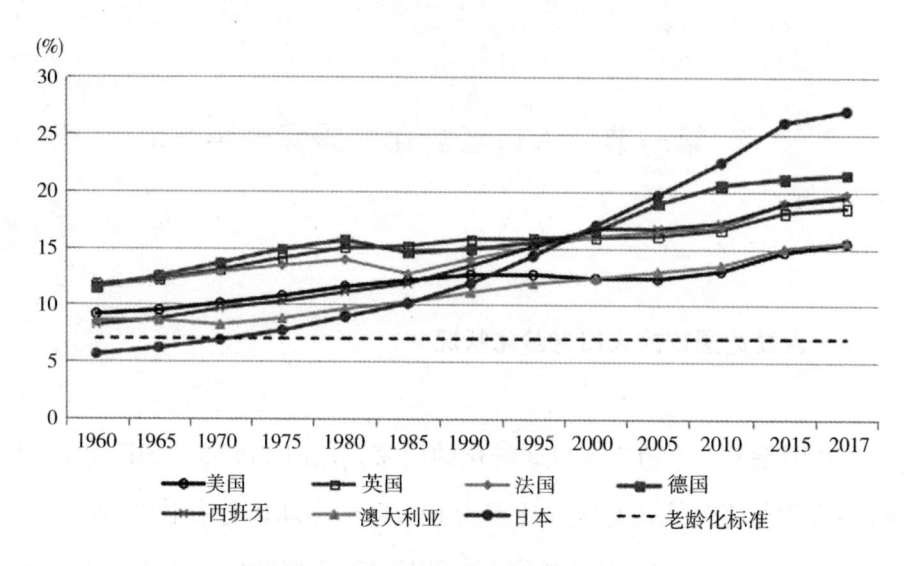

图31　部分发达国家老龄化程度及变化趋势

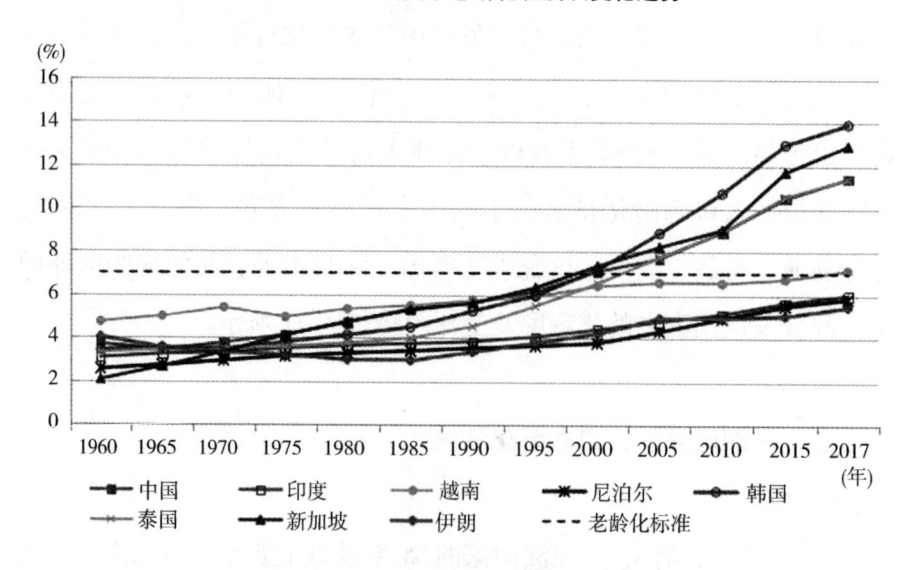

图32　部分亚洲国家老龄化程度及变化趋势

三、婴儿死亡性别比失衡国家的老龄化状况

在五个婴儿死亡率性别比失衡的国家中，苏丹得益于稳定的高生育水平，老龄人口占比一直维持在较低水平。印度和尼泊尔虽然也呈现老年人口占比增加的势头，但是尚未进入老龄化社会。而中国和越南，随着生育率水平的持续低迷，加上女性存活人口的减少，老龄化程度势必越来越严重。婴儿死亡性别比失衡国家老龄化程度及变化趋势如图33所示。

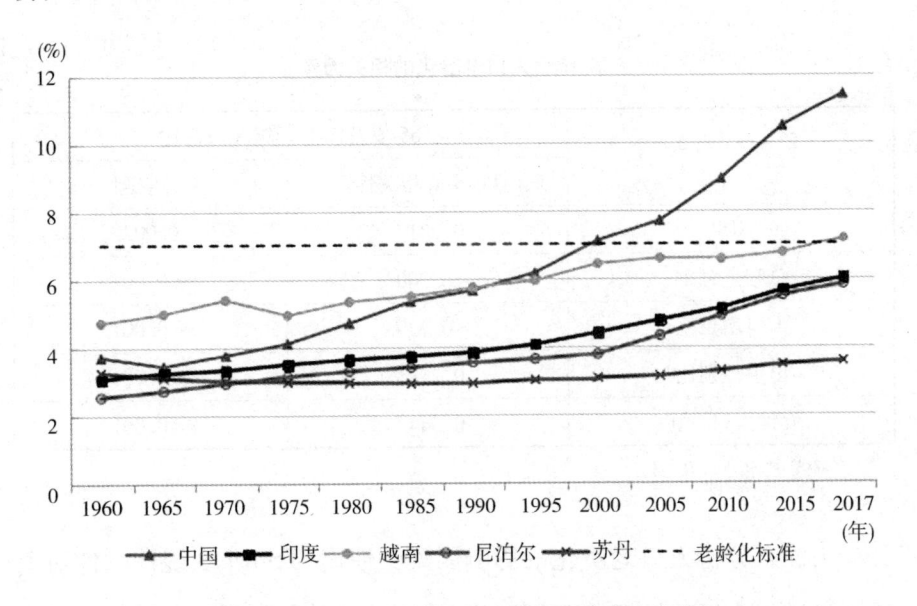

图33 出生性别比失衡国家老龄化程度及变化趋势

四、人口老龄化的相关因素

利用获取的208个国家和地区的公开数据,包括总和生育率、GDP、人口增长率、出生性别比、人口老龄化、女性人口占比等,使用SPSS19.0对其进行双变量相关分析,结果显示人口老龄化与GDP、出生性别比、女性人口占比呈显著正相关($p<0.01$),与总和生育率、人口增长率呈显著负相关($p<0.01$)。总和生育率的相关因素见表15。

表15 人口老龄化的相关因素

	65岁及以上老年人口占比	
	Pearson 相关性	P(双侧)
GDP	0.231*	0.002
总和生育率	-0.700*	<0.001
人口增长率	-0.729*	<0.001
出生性别比	0.318*	<0.001
女性人口占比	0.344*	<0.001

*显著性水平<0.01

为深入分析人口老龄化的影响因素,使用SPSS19.0统计软件对上述变量进行多元线性回归分析。将65岁及以上老年人口占比作为因变量,经济、人口等因素的代表变量作为自变量以进入法带入线性回归模型,标准设定进入<0.05和去除>0.10。结果表明,人口老龄化的影响因素为GDP、总和生育率、人口增长率、女性人口占比。GDP的增长会加大卫生经费投入,改善健康水平,提高人均预期寿命,老龄人口数量会随之增加。而高生育率、高出生率有助于缓解人口老龄化程度。多元线性回归结果见表16。

表16 多元线性回归中人口老龄化的影响因素

	标准系数	t	P[a]	调整 R^2
GDP	0.112	2.389	0.018	0.631
人口增长率	-0.330	-3.912	<0.001	
总和生育率	-0.438	-5.587	<0.001	
女性人口占比	0.203	3.756	<0.001	

[a]显著性水平 <0.05

第二节 人口老龄化的国内形势

一、中国的人口老龄化状况

虽然相比于发达国家的人口老龄化水平，中国的老龄化程度现在还不算特别严重，2017年65岁及以上老年人口占总人口比例为11.4%，但是与我国居民人均收入比较，我国属于"未富先老"的典型国家。可怕的是，我国人口老龄化的发展速度非常之快，发达国家用时数十年甚至上百年的老龄化进程，我们只用了18年时间。根据联合国有关部门的预测，1990年~2020年世界老龄人口平均年增速度为2.5%，而同期我国老龄人口的年递增速度为3.3%，远高于世界平均水平，并且一直在加速，越来越快。中国人口进入老龄化这18年间，前10年老龄人口平均增速较为平缓，为2.1%；后8年快速增长，老龄人口平均增速达到3.8%。2000年~2017年中国人口年龄结构变化情况见图34。

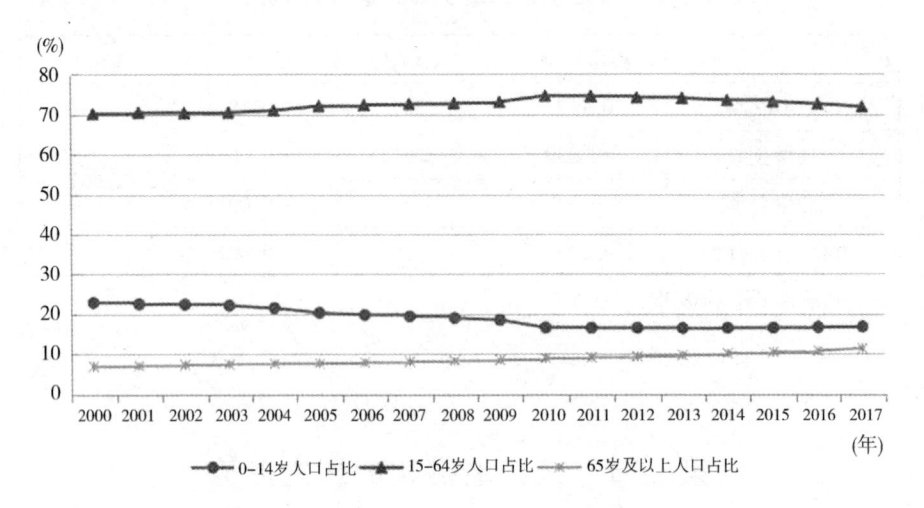

图34　2000年~2017年中国人口年龄结构变化情况

二、人口老龄化的地区差异

我国东、中、西部地区的地理位置、自然资源、经济发展、社会文化、健康水平等方面都存在着差异，这些差异很大程度上影响着人口的流动和分布，特别是劳动力人口，会倾向流动到经济条件好、就业机会多的东部地区。如图35所示，东部地区15岁~64岁人口所占的比例要高于中部和西部地区，西部地区65岁及以上老年人口占比要略高一些。城镇15岁~64岁人口所占的比例比农村地区高7.4%，农村65岁及以上老年人口比城镇地区高2.3%，农村地区的人口老龄化更为严重。

<<< 第四章 人口老龄化

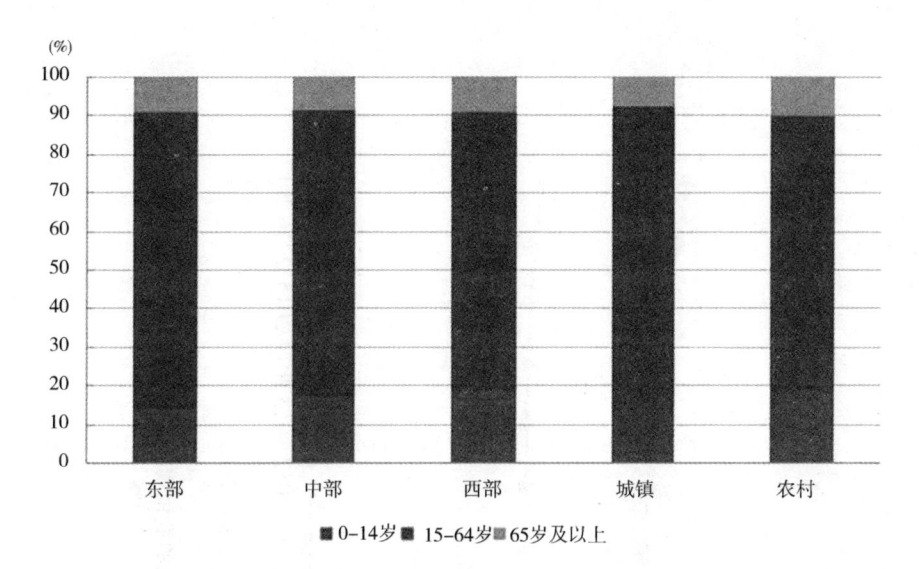

图35 2010年分区域人口年龄结构

三、人口抚养比

如图36所示，2000年~2017年总抚养比呈现波动趋势，主要是2000年~2010年少儿抚养比下降，生育率低、出生人口减少是主要原因。少儿抚养比是指0岁~14岁少年儿童人口数与15岁~64岁劳动年龄人口数之比，反映每100名劳动年龄人口要负担抚养的少年儿童人数。但清晰的是，老年抚养比的上升趋势明显。老年抚养比是指65岁及以上老年人口数与15岁~64岁劳动年龄人口数之比，用以表明每100名劳动年龄人口要负担赡养的老年人数。老年抚养比是从经济角度反映人口老龄化社会后果的指标之一，2017年中国的老年抚养比达到17.0%，据国家统计局预测，2050年中国的老年抚养比将达到27.9%。

101

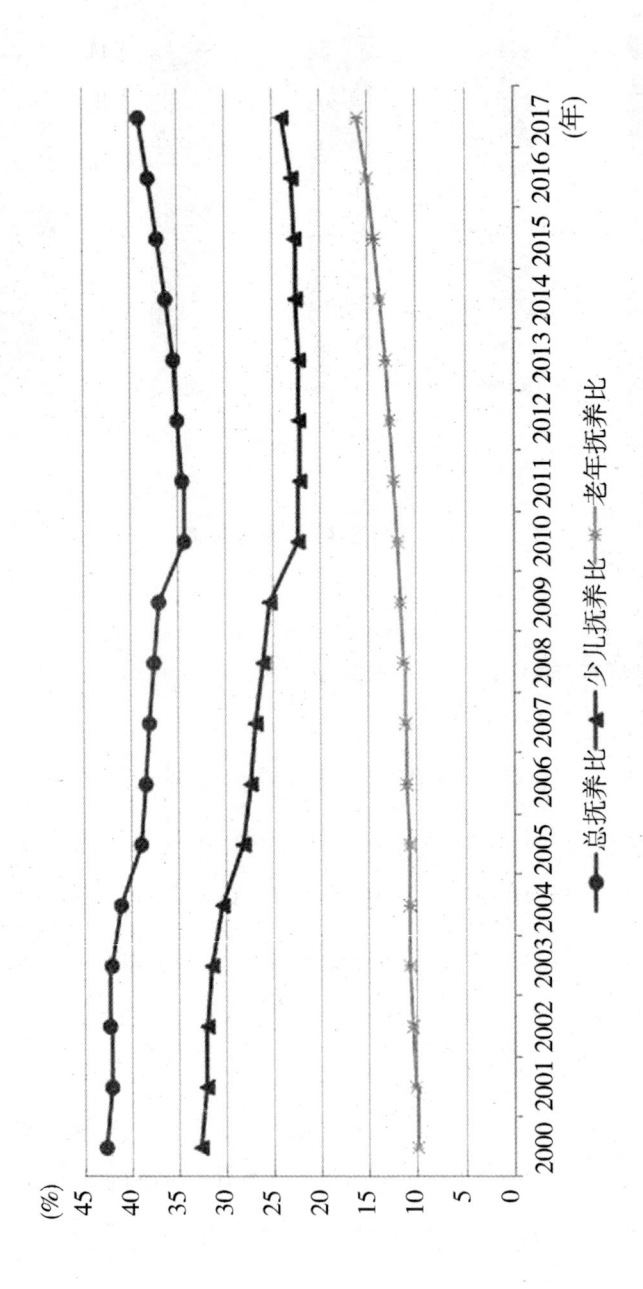

婴儿出生和死亡性别比双重失衡的影响和对策 >>>

图36 2000年~2017年中国人口抚养比的变化情况

西部地区劳动力人口承担的抚养负担最重,比东部地区高出8.1%,主要是西部地区的少儿抚养比更高。城乡之间抚养比的差距更大一些,农村地区总抚养比比城镇地区高13.3%,少儿抚养比高出城镇地区9.1%,老年抚养比高出城镇地区4.2%。2010年分区域人口抚养比见图37。

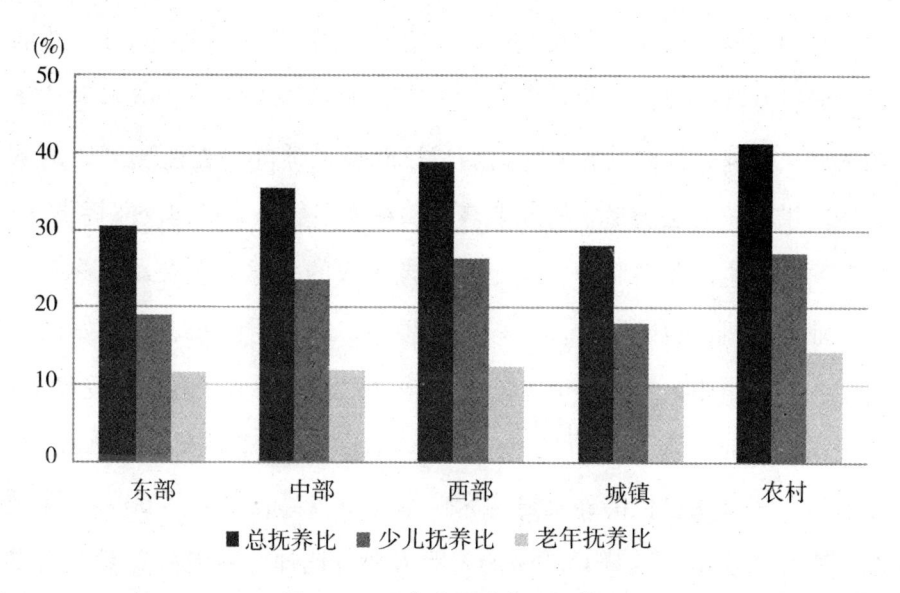

图37　2010年分区域人口抚养比

第三节　中国的养老服务体系

一、养老服务体系尚不健全

中国的社会保障体系尚在建设中,要想缓解人口老龄化现象,短期的主要任务是健全社会保障体系,完善养老服务体系。当然,社会保障体系的建立健全要以经济发展为前提条件，国力越强，民生保障越到位。全国提供住宿养老服务的各类养老服务机构和设施共有15.5万个，其中：注册登记的养老服务机构2.9万个，社区养老机构和设施4.3万个，社区互助型养老设施8.3万个；各类养老床位合计744.8万张，其中社区留宿和日间照料床位338.5万张。

我国的养老机构存在着结构性不合理、发展不平衡的问题。总的看，城市发展较快，农村发展相对滞后，尤其是大部分乡镇养老院年久失修，设施条件差，服务能力弱，仅能勉强维持"五保"老人的基本生活供养，无法满足农村养老需求。绝大多数养老机构仅能提供吃、住等简单的生活照料服务，满足不了老年人的多样化需求，临终关怀等专业服务机构也刚刚起步。一些规模大、经营时间长、口碑好的养老机构床位紧张，特别是公办养老机构，由于费用低、大众接受度高，服务需求量非常大，可谓是一床难求。而许多新建以及一些规模小、条件差、服务质量低的养老机构床位空置率较高，最高达60%。课题组调查结果显示，城镇15.0%的老年人愿意选择在养老院养老，而农村由于观念和条件等因素影响，此比例仅为6.0%；选择愿意社区养老机构养老的城镇和农村老年人比例相当，分别为4.6%和4.4%。

中国的养老服务体系存在的一个问题是老百姓负担得起的养老服务供应不足，这就是所谓的未富先老。中国的老年人在过去积累的财富太少，收入水平比较低，负担不起更高端的养老服务。因此，各级政府应该给予更多的资金支持和政策支持，同时要动员全社会的力量参与，共同完善养老服务体系，提供更多可供利用的养老服务设施。

二、社会力量创办养老机构难度大

公办养老机构的龙头示范作用明显，但是，公办养老机构运营带来的财政负担较重，这一负担不仅体现在建设时的巨额资金投入，还体现在每年对在编人员的供养。当后续设施维修以及经营遇到困难时，政府仍脱不了干系。同时，由于事业单位本身的局限性，导致机制不灵活、经营受局限，阻碍了集团化发展和市场化扩张，从而难以取得更好的效益。公办养老机构利用政府资源实行低成本运营，使本该走向市场的部分老年人涌向公办机构，不仅造成了市场竞争的不公平，也导致公办养老机构人满为患，难以更好地发挥对特殊困难群体的托底功能。

社会力量正逐步成为我国养老服务业发展的主体，但是，大多数民办养老机构经营困难。私立养老机构分为高、中、低三档，高档月均价格在8000元以上，中档月均3000元～8000元，低档月均1500元～3500元。私立养老机构由于费用高、大众接受度低，大约60%左右的私立养老机构仅能收支平衡甚至亏损经营。造成这一问题的原因主要有四方面：

第一，养老机构本身具有资金投入大、成本回收慢、经营风险高的特点，民营养老机构无法像公办机构那样无偿利用政府投入的基础设施，经营成本更高。

第二，现有扶持政策力度有限，针对性不强，门槛较高，落实不到位。首先，现有扶持政策主要针对民办非营利性养老机构，营利性养老机构无法享受，而民非的性质决定了民办养老机构不以营利为目的，资产属于社会所有，不能分红，不能抵押贷款，不能股份合作，严重制约了民办养老机构的持续发展。其次，现有的财政补助主要分运营补助和建设补助，运营补助是按实际供养老人数给予补助，商家普遍反映标准不高、力度不够；而建设补助是按建设时设立的床位数给予补助，容易造成运营时床位空置甚至经营性质改变却仍享受补助的现象，虽然初期对鼓励建设发挥了一定作用，但从长远看不如运营补助更有针对性和实效性。

第三，社会力量申办养老机构及申请扶持政策时，普遍反映门槛较高，手续繁琐。国家要求所有的养老机构都要办理许可证，而办证要求必须有房产证明和竣工验收合格证明，一些养老机构尤其是乡镇敬老院由于历史原因，大多没有这些证明，从而无法办证，进而影响到其享受扶持政策。

第四，国家和各省规定各类养老机构用电、用水、用暖、燃气执行居民价格，但许多民办养老机构租用的是厂房和商业用房，相关单位往往据此不予落实，如果供暖、供气的是民营企业，企业为了自身利益也不愿落实政策。国家规定的土地划拨、税费减免等政策，往往因相关部门配套文件暂未出台等原因，很难落实到位。

三、养老保障制度碎片化

由于历史和现实原因，在不断扩大养老保险制度覆盖面的过程中，按照参保主体的不同，养老保险制度目前分为机关事业单位养老保险、企业职工养老保险、新型农村养老保险、城镇居民养老保险几大碎片。不同主体之间的制度模式、筹资机制、计发条件、待遇标准也不尽相同。不同养老金水平导致老年人收入存在明显差距，收入差距在一定程度上会影响社会的和谐稳定。调查过程中发现，有些老年人的养老金过少，不能满足其基本生活需求，严重影响生活质量。

同时，还要关注为社会做出贡献的进城务工人员的养老保障制度。例如，环卫工人、建筑工人、保安人员等特殊群体，他们为城市的建设和发展做出了贡献，但是却没能享受城镇职工的养老保险待遇。《社会保险法》规定所有企事业单位在一个月以内必须为其员工签订劳动合同并缴纳社会保险费用，但实际上企事业单位，特别是企业往往会出于节约成本的考虑，拖延为其员工缴纳社会保险。因此，政府需要加强执法力度，保障进城务工人员的各项社会保障权益。

四、城乡居民养老保险缴费水平低

2009年国家启动新农保试点以来，各级政府高度重视城乡居民养老保险工作，实现新型农村和城镇居民养老保险制度一体化管理，参保率逐渐提高。但是，由于居住分散和社区宣传不到位等原因，有些居民往往到60岁希望能领到基础养老金的时候才想到参加城镇居民基本养老保险，一次性缴纳一定的养老保险费。各地城乡居民缴纳养老保险费用普遍偏低，大部分按照最低档次缴费，个人账户累积储存额度低势必影响以后的养老金水平。有一半老年人（53.4%）认为自己的经济状况一般，18.8%的老年人对自己的经济状况不满意。

五、养老金的地区不平衡

由于我国的人口基数太大,养老金的筹集和使用一直备受关注。从全国范围来看,每年养老金总体上都是有盈余的,全国城镇企业养老保险基金累计结余 4.1 万亿元,不过地区间的差异较大。养老保险基金有结余的主要是北京、上海、江苏、浙江、广东、山东、四川、山西、安徽等 9 个省(直辖市),这种地区不平衡只有通过国家层面的统筹才能有效解决。虽然国家已经开始基础养老金的全国统筹,也建立了中央级的调剂基金,但养老金不可能全部由国家负担,必须要实现养老金的多渠道筹集,加大商业养老保险、企业年金的份额等。

六、居家养老为主

与欧洲以机构养老为主的养老模式不同,我国是居家养老为主、机构养老为辅,"家文化""孝文化"决定了居家养老更符合我国国情,近七成的老年人都选择家庭养老。但随着老年人口快速增长,老年群体日益高龄化,而高龄老人丧偶率上升,生活不能自理人数增加,一对夫妇在抚养一个孩子的同时照顾 4 位以上老人的情况日益增多。"421"(4 位老人、1 对中青年夫妇、1 个孩子)、甚至"8421"(8 位高龄老人、4 位低龄老人、1 对中青年夫妇、1 个孩子)大家庭中的中青年夫妇常常难以兼顾到赡养老人和抚养子女。核心家庭户(1 对夫妇加 1 个未结婚的孩子)数量的不断增加,导致空巢老人家庭户不断增多,本身是独生子女同时又为人父母的中年人压力巨大。

从课题组调查的情况看，目前96.8%的老年人起居照料属于家庭照料（自己、配偶及子女），老年人起居照料情况见表17。居家养老仍是当前老年人首选的养老方式，有自理能力的老人85%以上倾向于居家养老，10.8%的老年人会选择去养老机构。由此可以看出，居家养老服务网络有很大发展空间。

表17 老年人起居照料情况

起居由谁照料	人数	百分比（%）
自己	740	60.1
配偶	353	28.6
子女	100	8.1
保姆	6	0.5
亲戚邻居	20	1.6
养老机构	11	0.9
其他	3	0.2
合计	1233	100.0

第四节 人口老龄化对经济发展的影响

一、人口老龄化对消费的影响

老年人的消费需求和消费行为具有明显区别于其他年龄段人口的消费特征，随着人口老龄化的加重，整个社会的消费规模和消费结构也会发生很大的变化。从消费规模来看，一方面人口老龄化将带来老年群体数量的激增，扩大老年消费规模，提高其在总消费中的比重；另一方面，由于老年消费需求主要受国民收入和养老金支出规模的影响，而当前实际养老金支出水平明显低于合理水平，这抑制了老年消费需求的进一步扩大。随着社会养老保障制度的进一步完善，老年有效消费需求将会显著提高，从而扩大内需，拉动经济的持续增长。从消费结构来看，老年抚养比的上升会相应增加医疗保健和文化娱乐的支出，减少饮食衣着和家庭用品的支出。这种消费结构的变化将带动产业结构和市场结构的调整及相关老年产业的发展。

二、人口老龄化对产业结构的影响

人口老龄化对产业结构的影响主要有两个途径：一是老龄化使人口年龄结构发生变化，由于青年劳动适龄人口比例下降，老年劳动适龄人口比例上升，这要求产业结构主动与年老型劳动适龄人口的年龄结构相适应，完成由劳动密集型为主体向以知识技术密集型为主体的方向转化；二是老年人群的消费特征将带动医疗健康、老年服务、教育文化娱乐等产业的发展。2016年三次产业比例为4.4：37.4：58.2，从发展趋势来看，第三产业比例稳步提升。通过进一步调整优化产业结构，发展农业科技，减少第一产业占用的劳动力，着力开发老年用品的生产，大力发展针对老年人群的服务产业，将能够在一定程度上缓解人口老龄化的冲击，推动经济的发展。

三、人口老龄化推动老龄产业发展

国外的研究结果大多数表明人口老龄化对经济增长、储蓄和投资等会产生不利影响，国内的许多研究也显示人口老龄化将会给未来中国的经济增长带来不利影响，人口老龄化水平对人均GDP增长率有负面的影响。据中国老龄委的研究预测，中国的"人口红利期"只剩十年时间，老龄化对中国经济的减速效应将会逐步显现。但不可否认的是，人口老龄化在给我国老年事业带来巨大挑战的同时，也为老龄产业及经济的转型和发展带来了新的机遇。以亲情文化为基础的中国社会，家庭养老是传统习俗，受理念和社会经济环境制约，家庭养老也是现在和将来主要的养老方式。但随着社会经济和人口结构的变化，养老社会化已成为必然的发展趋势。我国社会养老起步晚、经验少、服务品种单一，从针对优抚对象的公办敬老院，到经营性老年公寓，再到近几年我们学习国外先进经验，探索性建设的老年社区，养老形式、养老理念、国家政策和社会环境，都在不断丰富和完善。但是，社会养老事业是一项艰巨而复杂的系统工程，理论研究、经济支撑、管理水平、配套服务等各方面需要同步发展、密切协作。如何针对国情和不同层次的市场需求，系统规划设计，提供产业链式的完整服务，让养老事业稳步持续发展，是我国老年产业建设研究探索的大课题。

四、对劳动力供给和劳动生产率的影响

许多研究结果表明，劳动年龄人口份额的提高和人口抚养比的下

降是改革以来中国经济增长的重要原因之一，而人口老龄化正在迅速地改变这一有利的人口结构。老年人口比重的提高，在生育率保持不变的条件下，将减少劳动适龄人口的份额。人口老龄化还将对劳动生产率产生影响。老年劳动者在体力、精力上都远远不及年轻人，而且老年人的技能更新相对较慢，不容易接收新的知识和技术，人口老龄化将制约劳动生产率的提高。但研究表明人力资本投入对长期经济增长具有促进作用，如果在人口老龄化的初始阶段加大人力资本投入，使得单个人的劳动效率提高，则能够在一定程度上缓解人口老龄化带来的冲击。

五、老年人力资源再利用推动社会经济发展

"老有所为"符合60岁~70岁身心状况良好的老年人继续为社会发展贡献力量的诉求，同时六七十岁的老年人在知识经验和专业特长方面都非常成熟，在生活工作中能够体现出自身的经验、优势和长处，促进了"老有所教、老有所为"的实现，也促使人口老龄化带来的劳动供给缺口借助老年人力资源再利用可以得到部分弥补，从而成为推动经济发展的有效动力。尽管如此，课题组调查的1233名老年人中仍有55.6%的老年人对再就业完全不了解，这在农村老年人中更为突出，占到62.1%，说明促进老年人再就业、实现老年人"老有所为"的社会氛围还不够。虽然超过一半的老年人完全不了解再就业，但在课题组调查人员加以解释之后，有四分之一的老年人表示愿意再就业。老年人对再就业的了解程度及再就业意愿见表18。老年人愿意再就业最核心的原因是想增加经济收入（68%）和获得精神寄托

(15%)。农村老年人再就业的意愿更为强烈,占农村调查对象的32.6%,绝大多数(82.8%)是源自增加经济收入的考虑。进一步针对调查对象在政府和社会应为老年人再就业提供保障方面的调查结果显示,居前三位的分别为提高福利待遇、提供更好的医疗保障和工作的安全保障,分别占46.3%、16.4%和12.2%。

表18 老年人对再就业的了解程度及再就业意愿

		人数	比例(%)
是否了解再就业	非常了解	58	4.7
	了解一点	489	39.7
	完全不了解	686	55.6
	合计	1233	100.0
是否愿意再就业	是	316	25.6
	否	917	74.4
	合计	1233	100.0

课题组调查结果表明,老年人有着相对较高的劳动参与率,这与其相对较低的经济收入有一定的关系,这一结果同样体现在老年人再就业的需求中,福利待遇是其再就业首要考虑的因素,该问题在农村老年人中更为突出。因此,政府或企业等相关机构在老年人再就业岗位供给过程中,合理的薪酬待遇以及相关保障制度的建设必然成为促进老年人尤其是农村老年人再就业的重要因素之一。

第五节　人口老龄化对养老保障的影响

一、社会养老负担较重

社会负担系数反映了劳动力人口与非劳动力人口的比例状况，如果一个国家或地区非劳动力人口过多而劳动力人口很少，就会导致劳动人口负担过重，从而影响该国家或地区的发展。而且随着受教育年限的增加，实际上15岁~22岁年龄段的劳动参与率较低，劳动力人口的比例相对更少，负担也更重。2016年我国的老年抚养比为15.0%，即100名劳动力人口需要负担15名老年人口的养老，除老年赡养责任外，这100名劳动力人口还需要负担23名少年儿童的抚养责任，劳动力人口的社会负担比较沉重。

二、养老金负担日益沉重

人口老龄化对养老金制度的直接影响就是退休者增加，从而导致退休金支出的快速增长，养老金支出占GDP的比重不断上升。据研究预测显示，上海市养老金支出占GDP的比重在2009年~2030年期间将由5.0%上升到17.6%。按照国际惯例，如果老年福利支出超过GDP的10%，会影响经济的发展。随着我国各地人口老龄化高峰期的到来，必将承受沉重的养老金负担。我国一半以上的省（直辖市、自治区）的养老金储备已经亮了红灯，说明受经济实力、人口分布、老龄化程度等因素影响，养老保险基金在各省份之间存在明显的差异。虽然目前从国家层面看养老金尚有不少结余，但随着人口老龄化的快速发展，全国的养老金负担越来越显沉重。

三、养老机构获批医疗保险定点难度大

在养老服务中融入健康理念是实现健康老龄化的关键，也是对机构养老的老年人提供医疗服务的基础条件。但目前推行医养结合还存在不少障碍，特别是养老机构获批医疗保险定点单位的难度较大。各地规定只有达到一定数量床位的养老机构，才能内设诊室和卫生院，享受医保定点，而能达到这种医疗条件的养老机构屈指可数，绝大多数都无法享受医保定点报销待遇。以山东省烟台市为例，一般供养型养老机构有217处，医养结合型养老机构仅有3家，占1.4%；配备医疗服务设施的86家，占39.6%；纳入定点医疗范围的28家，仅占12.9%。

第六节 人口老龄化对医疗保障的影响

一、医疗费用支出显著增加

随着年龄的增长，人的机体功能会逐渐退化，导致老年人口的健

康状况下降，老龄人口的日益增多会显著提高医疗费用支出水平。2017年我国的卫生总费用达到51599亿元，其中政府支出15517亿元、个人支出14875亿元，人均卫生费用涨到3712元。此外，随着预期寿命的提高，老龄化进程中的高龄化程度显著提高，高龄人口的慢性病发病率显著增加，生活自理能力下降，失能、半失能和失智比例逐步提高，医疗费用增加幅度加大。全国老龄办对城乡老年人口状况追踪调查报告显示，2010年城乡失能老年人占6.8%，有部分自理困难的老年人占15.9%。

老年人健康水平偏低，患病率、失能率、死亡率高，患病后的治疗、失能后的照护以及死亡前的临终关怀等费用开支大，老年人均医疗费是国民平均医疗费用的2~3倍，疾病负担较重。据测算，未来40年，我国老年人的慢性病患病例数将由当前的1亿多例，增长到2050年的3亿例；就诊老年人次数由当前的14亿人次，增长到2050年的36亿人次；老年人口疾病经济负担占GDP的比重，将由当前的2%提升到2050年的5%。更重要的是我国医疗卫生资源相对紧张，人均医疗卫生资源拥有量远低于发达国家的水平。

二、医疗保险基金支出压力大

在人口老龄化背景下，医疗保险参保人员结构中老年人比例增大，呈现出老化趋势。基本医疗保险制度采用现收现付的筹资方式，基金注重当期收支平衡。当参保人员结构中退休人数增多时，就意味着缴费人数缩减，享受待遇人数增多，医保基金隐性债务也将随之增加。《中国卫生统计年鉴》数据显示，我国65岁及以上年龄居民的平均两周患病率在 15 年间上升了 215.9%，慢性病患病率上升了 105.1%，导致医疗费用支出连年增加。课题组问卷调查结果显示，51.3% 的老年人的主要开支项为医药费，而 81.9% 的老年居民医药付费的主要方式为三大基本医疗保险，医保基金的支出压力势必越来越大。老年人医药付费方式见图 38。

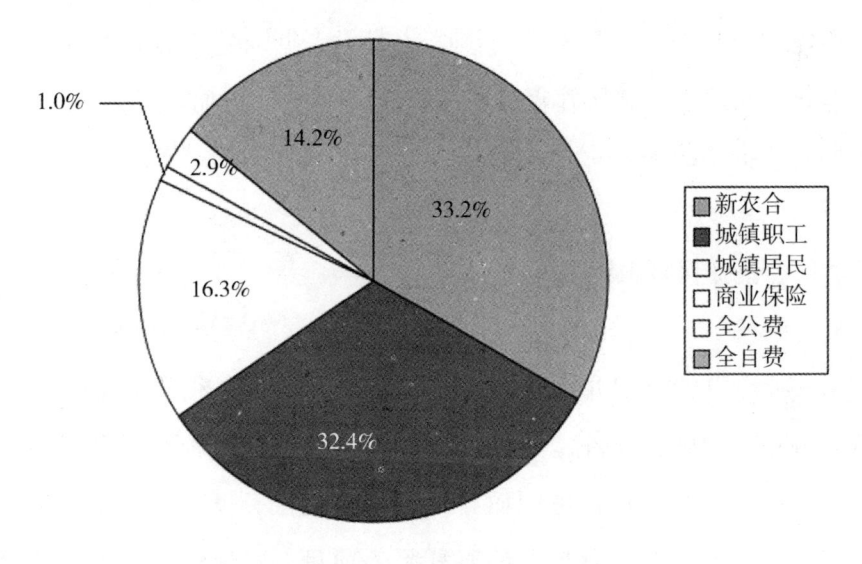

图 38 老年人医药付费的主要方式

三、医疗保险报销水平偏低

课题组调查发现，老年人普遍认同基本医疗保险制度的实施，40.6% 的老年居民认为受益很大。但是也有 27.6% 的老年人反映当前医疗保险制度住院报销水平低，24.7% 的老年人反映门诊报销水平低，8.4% 的老年人认为慢性病报销额度少。住院报销水平仍是老年居民反映的最大问题。尽管目前我国城乡居民医疗保险实现了全覆盖和一体化，报销比例提升到了60%~70%，部分地区城镇职工医疗保险的报销比例达到80%~90%，但是由于医疗保险药品目录和诊疗目录范围狭窄，医院诊疗过程中，医生开出的很多药品都不在报销范围内，最终总的医疗费用中医疗保险实际报销比例偏低。门诊统筹也是调研过程中老年人普遍反映的问题。在药价高看病贵的难题没有解决的背景下，门诊医药费仍占据老年人日常开支的很大部分，应适当调整医疗保险的门诊统筹病种，增加老年人常见病、多发病的报销范围。

四、医疗保险报销范围偏窄

医疗康复的早期介入对病人的康复非常重要。很多养老机构没有配备相应的康复设备，有些养老机构即使配备了齐全的康复设备，但由于未纳入医保报销范围而导致利用率很低，仅有家庭条件较好的老年人才会选择使用自费的康复服务项目。要保障老年人身体健康，常规体检和康复治疗是不可或缺的手段。然而由于基本医疗保险的诊疗目录中明确规定各种健康体检、各种自用的保健器械不属于医疗保险诊疗项目支付范围，大多数老年人尤其是农村老年人不能做到定期体检和康复。基本公共卫生服务项目为65岁及以上老年人每年免费体检一次，该制度受到老年人的欢迎，但体检覆盖面和质量还有待提高。

第七节 人口老龄化对社会救助的影响

一、老年社会救助的压力增加

老年群体作为弱势群体本身应该受到社会的关注，而贫困老年人口更应优先得到救助。老年人口基数的增大带来贫困老年人口数量随之增加，老年社会救助的支出也随之增加。2017年全国享受养老服务补贴的老年人为354.4万人，比2016年增长25.3%；享受高龄补贴的老年人达到2682.2万人，比2016年增长13.9%；享受护理补贴的老年人61.3万人，比2016年增长51.5%。2017年全国实施住院和门诊医疗救助3517.1万人次，支出266.1亿元，住院和门诊每人次平均救助水平分别为1498.4元和153.2元。2017年全年累计资助优抚对象367.1万人次，支出优抚医疗补助资金36.1亿元，人均补助水平982.3元。

二、财政低保资金支出压力大

民政部数据显示，2017年全国有城市低保对象741.5万户、1261.0万人，各级财政共支出城市低保资金640.5亿元，全国城市低保月平均标准为540.6元/人，比2016年增长9.3%；全国有农村低保对象2249.3万户、4045.2万人，各级财政共支出农村低保资金

1051.8亿元，全国农村低保月平均标准为358.4元/人，比2016年增长14.9%。目前城乡最低生活保障制度优先照顾老年群体，但是在核准过程中，由于低保准入标准的严格界定，使得低保边缘老年人被冷落。尤其是困难企业退休职工以及农村老年人，收入仅高于低保准入标准一点点，生活难以维持，但却被排除在救助范围以外。

三、独生子女家庭养老问题亟待关注

目前最早实施计划生育政策的家庭已步入老年时代，他们是典型的"421"家庭结构，赡养父母的压力大于多子女家庭。独生子女家庭如何养老，已成为影响我国人口政策乃至经济、社会政策可持续发展的重大现实问题。课题组问卷调查中老年人的子女数见表19。从表19的统计结果可以看出，独生子女家庭占据课题组调查群体的30.0%，双子女家庭占到40.2%。两组数据对比发现，尽管97.5%的老年人都有一个或多个子女，但部分子女成年后就离开了家乡，并不在老人身边，老年空巢家庭达10.6%。独生子女家庭尤其是失独家庭、空巢家庭的老年人是急需得到社会照顾和关照的群体。

表19　老年人子女数及在身边的子女数

子女数	生育子女数统计		陪在身边的子女数统计	
	老年人数	比例（%）	老年人数	比例（%）
0	31	2.5	131	10.6
1	369	30.0	476	38.6
2	496	40.2	410	33.3
3	195	15.8	126	10.2

续表

子女数	生育子女数统计		陪在身边的子女数统计	
	老年人数	比例（%）	老年人数	比例（%）
≥4	142	11.5	90	7.3
合计	1233	100.0	1233	100.0

第八节 人口老龄化对医疗服务供需的影响

一、加大医疗卫生服务的需求和利用

期望寿命的延长并不等同于健康老龄化。目前，人口老龄化致使诸多疾病的患病率不断攀升，一些疾病尤其是慢性病如高血压、糖尿病等已经严重地威胁了老年人的生命健康。身体上的不适使得老年人在心理上更加脆弱，容易引发焦虑、恐惧、抑郁等心理问题。因此，他们对卫生服务诸如医疗、健康教育、心理疏导、康复等有着更多的需求。年老体衰、多病共存，是老年人患病的共性。老年人口的增加，不仅仅对传统医疗服务的需求增加，而且对医疗卫生服务的内容和形式要求也趋于多样化。一般而言，老年医疗服务的内容至少应包括疾病预防、康复保健、医疗和长期护理照料、健康促进和康复教育等多学科内容，即"六位一体"的医疗服务模式，涵盖老年人由于生理衰退、心理脆弱而导致的失健、失能、失智、精神障碍等几大困境的全方位、全过程、多功能的服务提供。

课题组的调查结果显示，老年人对医疗服务的内容要求广泛，有一半的老年人（50.3%）最看重就近医疗，有20.4%的老年人最希望获得上门诊疗和上门护理，9.3%的老年人最需要老年病专科服务，另外对于家庭病床、保健知识宣传以及专业康复等也都有需求（表20）。课题组对老年人目前获取医疗服务方式的调查结果显示，老年人集中通过门诊、住院和自购药品等三种方式获取相应的医疗服务，占所有获取方式的97.8%。这一结果表明，现有医疗卫生服务提供难以满足老年人对医疗卫生服务多样化的需求，突出表现在长期护理、上门服务等相关专业机构及人员的匮乏。

表20　老年人最希望获得的医疗服务

医疗服务项目	人数	比例（%）
就近医疗	620	50.3
上门诊疗	178	14.4
上门护理	74	6
老年病专科	114	9.3
家庭病床	52	4.2
保健知识宣传	29	2.4
专业康复	24	1.9
不需要	142	11.5
合计	1233	100.0

目前医疗卫生服务体系的组织管理存在着明显的分割现象，医疗保健服务由卫生部门组织实施，养老服务由民政部门组织实施，长期照料护理服务没有明确的部门组织实施，分散在医疗、民政、社区、居家等处，没有形成一个统一的整合体系，造成了医疗卫生和服务资源的分割。长期照护服务力量不强、机构服务能力不足，主要涉及医

疗保障、康复护理方面，表现在长期护理费用保障无力、长期照护专业机构及护理人员匮乏，给家庭、社会带来了很大的负担和压力。

二、基层医疗卫生机构利用率不高

课题组调查结果显示，近一半老年人（46.7%）的住处距离社区卫生服务中心不足10分钟的路程，但53.9%的城镇老年人和33.0%的农村老年人在身体不舒服时仍然会首选市级以上医院。老年人患病的首选医疗机构见表21。进一步对选择医院的原因分析表明，43.6%的老年人认为市级医院的医疗水平和服务质量高，他们最看重的是医院的质量和服务水平。这一结果提示，虽然目前社区卫生服务机构的布局已经趋于合理，但其利用率还有待进一步提高，政府相关职能机构还需加强基层医疗卫生机构的资源配置和服务质量提高。

表21 老年人患病的首选医疗机构

首选医疗机构	人数	比例（%）
省级医院	38	3.1
市级医院	545	44.2
区级医院	97	7.9
社区医院	253	20.5
个体诊所	238	19.3
自行治疗	62	5.0
合计	1233	100.0

三、失能、失智老人的医疗服务需求

针对老年人的医疗卫生服务，除了防病治病外，更大的困境在于因病所致的失能、失智老人的服务供给和利用的问题。老年人尤其是失能、失智老人的看病就医难，而老年人的长期照护更难。这些老人必须长期依赖他人提供基本生活护理、失智失能康复、精神心理安慰、培养回归社会能力和得到临终关怀等多方面的服务。但对于失能、失智老人特殊的生理、心理状态，普通的医疗卫生服务提供无法惠及，就需要通过科技信息手段探索新的服务方式，如信息化平台的建设。目前在浙江、宁波、湖南等地推广的"电子保姆"自动呼叫设置，是一种融日常生活服务和医疗急救信息服务为一体的居家养老服务信息网络，为入网老年人提供了优质高效服务。课题组调查结果显示，调查对象中有12.7%的城镇老年人和4.4%的农村老年人会使用网络，29.0%的城镇老年人和20.2%的农村老年人愿意通过网上学堂学习老年人健康知识和技能。这表明，与信息技术有关的健康服务形式也日渐为老年人所接受，运用互联网、物联网等技术手段推进居家养老服务网络化，将成为满足老年人便捷、高效医疗卫生服务需求的重要手段之一。

第九节　人口老龄化对教育及人才培养的影响

人口老龄化是社会文明进步的重要标志，但同时老年人口的增多

也意味着对医疗保健、生活照料等服务需求的增加，老年人服务需求增多与养老服务人力短缺之间的矛盾日益突出，快速增长的老龄人口势必会推动养老相关人才的教育和培养。

一、开设养老服务相关专业的院校数量少

全国范围内开设养老服务相关专业的院校数量很少，养老服务人才培养规模小，难以适应养老服务业发展需要。目前我国开设养老服务相关专业的高职院校仅有不足百所，总计年招生数仅有几千人；同时在职养老服务人员中 2/3 左右是初中及以下文化程度，取得养老护理员职业资格证书的仅约 5 万人，而据估算我国养老护理员的潜在需求上百万。因此面对上百万养老护理员的巨大市场需求，我国养老服务人才的供给捉襟见肘。

二、养老服务人才培养质量不高

目前养老服务人才培养层次较为单一，科学的人才培养格局尚未形成。目前我国养老服务相关专业的开设主要集中在中、高等职业院校，仅涉及老年服务与管理、护理、家政服务、社区康复等专业。本科层次从 2016 年教育部批准开设了健康服务与管理专业，有院校设立老年健康服务与管理方向，但由于专业设置年限短，尚未向社会输送人才；研究生层次的养老服务与管理专业人才培养国内尚属空白，高层次的养老服务人才培养基地、科研基地更是稀缺，严重制约了高层次养老服务人才的培养和师资队伍的建设。由于意识观念、产业结构等诸多原因的限制，目前在我国的中高职院校中，开设养老服务专业的职业院校普遍面临着"招生难、培养难、就业难"等困境。养老服务人才培养质量参差不齐，不能适应规模巨大的养老服务人才需求。

三、老年教育需求增加

青少年人口比重的相对下降，老年人口比重的相对增加，自然引发教育需求结构的变化。低龄健康老人由于经济、个人事业心等原因，退休后很长一段时间存在再就业需求，但知识技能的缺乏、匹配岗位的缺少等均可能成为制约其再就业的因素。因此，客观上要求教育供给结构做出适应性调整，如继续教育、退休前教育和老年教育在整个教育体系中的比重应当相应加大。另一方面，低龄健康的离退休老人丰富的工作经验和技能以及稳健、耐心的工作态度等，在一些特殊岗位职能发挥上甚至优于年轻人，如需要有较高的文化知识、科学技术或较高的劳动技能和丰富的工作经验的教师、医生、高技能人才等。因此，通过合理的岗位设置及匹配的培训教育，人口老龄化带来的劳动供给缺口借助老年人力资源再利用可以进行弥补，也促进了"老有所教、老有所为"的实现，从而成为促进经济发展的有效动力。

第十节 人口老龄化对代际关系的影响

代际关系作为人类社会中最重要的社会关系之一，是社会利益结构体系的重要方面。在传统社会，代际关系更多地表现在家庭和家族领域。在现代社会，随着人们在社会经济活动领域及公共领域中关系的不断扩展和深化，代际关系已从微观的家庭层面逐步扩展到了宏观的社会层面，即代际关系社会化。在人口老龄化条件下，这种代际关系变化更为复杂，其影响也更为突出。主要体现在以下几个方面：

一、代际财富分配格局的重大调整

一般而言，当前经济产出主要由劳动年龄人口生产和创造，老年人口退出劳动生产领域，是当前经济产出的"净消费人口"。也就意味着，老年人要依赖劳动年龄人口的产出维持生活，而且在经济产出既定的情况下，用于老年人口消费的越多，则用于劳动年龄人口消费的就越少。发达国家把供养老年人口的各项支出占国民生产总值的比重称为"人口老龄化的经济成本"。一般而言，将人口老龄化的经济成本界定为：养老金成本、医疗费用成本、老年照料成本和老年福利服务设施成本四大方面。代际财富分配格局的此消彼长，可能引发代际利益矛盾和冲突。

二、家庭代际矛盾逐渐外化

未来家庭规模和结构的变化，对家庭养老功能的发挥产生一定的影响。目前，家庭趋向小型化、少子化，家庭户结构显著老化，家庭内部养老的人力资源持续缩减，2016年平均每个家庭户的人口为3.1人。全国人口老龄化形势严峻，高龄化、空巢化、失能化等趋势日益加剧。在此背景下，人口老龄化导致的家庭赡养负担增加、发展活力下降，代际资源配置矛盾和冲突显性化，代际之间的资源获取方式开始由家庭转向社会，并更多依赖社会，家庭养老功能开始外移。因此，在人口老龄化的趋势下，过分强调家庭作为老年人照顾单位的作用是不现实的，政府应该发挥作用，使老有所养、老有所依成为一种制度化的安排。

三、代际价值观冲突加剧代际文化观念冲突

一方面，由于时代和环境条件的快速变化，不同年龄群体在生活方式、价值观、行为取向等方面将产生差异、冲突、隔阂等现象，即代沟现象，以老年群体和中青年群体之间的代沟问题较为突出。伴随人口老龄化和价值观念多元化，这些差异将不断扩大，不利于老少共融、代际和顺，将会成为实现社会代际融合过程中的一个文化难题。另一方面，人口老龄化与工业化、城镇化、市场化以及家庭急剧小型化相交织，动摇了传统文化赖以存在的基础，调节代际关系的传统孝道文化受到前所未有的挑战，以老年人为本位的孝道文化逐步衰落，边缘化为亚文化，而以青年崇拜为指向的青春文化逐步占据强势地位。然而伴随老年人口群体大幅增加，老年群体亚文化有主流化的诉求，和中青年群体争夺社会主导价值话语权的矛盾将进一步加剧，可能诱发代际价值观碰撞和冲突，加深代际文化断裂。

四、人口老龄化对家庭伦理道德的影响

从家庭伦理学的角度看，家庭对于老人的奉养属于中国传统的

"孝文化","孝"的内涵与意蕴,概括起来至少应该包括:爱亲,也就是子女对父母的关心、体贴之情,是两代人之间情感的交流以及心灵的沟通;养亲,意即奉养父母,给父母衣食等物质方面的供养;敬亲,是指子女对父母的一种严肃认真、真心实意的敬慕和爱戴之情等。但随着工业化进程的加快和经济的发展,现代价值观的变化也严重冲击着传统伦理道德,这就促使传统的尊老、敬老、养老观念发生变化,老人与子女之间存在着很多不和谐的状况。主要体现在:

1. 市场价值观念对家庭养老产生负面影响

传统的价值观不断受到效益主义、拜金主义、个体主义、消费主义等新的价值观的挑战和冲击,潜移默化之中,人们的家庭责任观念、家庭义务观念等都在不断更新、蜕变。于是,便不可避免地出现了一些诸如重权利轻义务、重利益轻道义,为逃避赡养义务而远离年迈的公婆、父母分家另过等一些与中规中矩的传统伦理大相径庭的想法和做法。特别是在农村地区,青年思想中传统的伦理道德观念正在逐步淡化,子女只顾自己生活现代化,不赡养老年父母,兄弟姐妹之间互相推诿养老责任。落实、巩固家庭养老,切实保障老年人的合法权益,已成为中国目前一个十分紧迫的社会问题。

2. 老人权威下降,家庭向心力和凝聚力降低

不断深化的社会分工将一部分原来由家庭承担的职能转移给社会,人们越来越依赖于家庭以外的社会资源,个人的知识教化也主要来自学校、工作单位、伙伴群体和传播媒介等,这些都不可避免地影响着老人们原有的在家庭中的权威地位。当然,随着科学技术的日新月异,老年人的经验、知识在生产、生活过程中的指导作用也越来越小,再加上行动不便、体弱多病等因素的影响,渐渐地,几世同堂的

家庭就少了其应有的向心力和凝聚力。

3. 家庭照料能力受限，赡养老人压力大

由于时间、精力所限，社会竞争压力加大，不少子女陷入角色冲突之中。成年子女越来越感到照料老人的担子沉重，尤其是对于"421"模式的家庭，如果家中有卧床不起的老人，承担长期照料老人的责任难度较大。单独依靠家庭来解决大面积、旷日持久的老人照料问题容易令子女陷入忠孝难两全的困境。

4. 亲子间代际沟通不足，存在亲情疏离

亲子代际沟通包含了亲子间在思想观念、价值取向、兴趣爱好、生活方式、社会拥有等方面的交流对话。老人由于自己特殊的生命周期日益被边缘化，社会关系网络日渐萎缩，生活视野日渐狭窄，导致与子代之间的差异、隔阂乃至冲突与日俱增，再加上身体健康问题，大大增加了老年人对于人际沟通的渴望，这就使得这种亲子代际沟通更为重要。但目前，亲子沟通中存在不信任因素、代际间过于相互体谅、老人对个体生活选择的限制等导致亲情疏离。

第五章　双重性别比失衡带来的社会问题

社会是由男人和女人共同组成的,女人承担着孕育后代的功能,人类的繁衍离不开男性和女性的平衡发展。当男女的性别平衡被打破,女性出生数量减少,女婴死亡数量增加,长期发展下去会造成男性人口数量远远多于女性人口,育龄妇女数量减少,人口老龄化加速,形成一个恶性循环。这样的恶性循环带给我们的不单纯是人口结构的变化,还会给社会带来很多严重问题。

第一节　男性婚姻挤压

人口性别比例失衡会带来很多社会问题,我国现在男性人口比女性人口多出三千多万,首当其冲的就是适龄男性的婚姻难问题,特别是农村地区问题更为突出。据研究预测,2020年以后我国可能将会有近五千万婚龄男子找不到婚配对象,严重影响社会的和谐和可持续发展(李树茁,2009;李树茁2010)。

一、高额彩礼

中国的传统婚姻模式中,男方要向女方支付彩礼,而随着经济的发展以及"男多女少"的人口发展趋势,彩礼的数额变得越来越大,就是我们所谓的高额彩礼。高额彩礼是指在婚姻缔结过程中,超过一个家庭经济承载量的彩礼,不同的家庭经济承载量不一样,高额彩礼的额度也不同(刘扬扬,2016)。这是婚姻挤压的一种表现,出生性别比失衡被视为婚姻高额彩礼的根本原因。婚姻市场的女性严重短缺会在未来很长一段时间持续存在,经济和文化发达的地区可以通过迁移方式得到缓解,对于广大农村或者不发达地区,其受挤压程度将会进一步加重,并势必为此付出沉重的社会代价。自20世纪90年代以来,随着城镇化进程的推进,农民普遍外出进城务工,大规模的农村人口流入城市。人口流动使得女性资源从农村流向城市,从欠发达地区流向发达地区,开阔了她们的思想和视野,扩大了她们的通婚圈,打破了区域封闭性的传统通婚圈边界,不少女性因此嫁到了外地,形成了全国婚姻市场。虽然男性外出打工的人口更多,但农村男性在外地找到媳妇的比例要低很多,这种"嫁出去的多,娶进来的少"的单性别婚姻流动对流入地和流出地来说,都不利于适婚人口的性别比例平衡。婚龄女性资源的相对匮乏,使得婚龄男性之间的竞争越来越激烈,男人们争夺结婚对象的一个重要手段就是抬高彩礼的数额(陈星宇,2014)。这种做法反过来又激发了女方对彩礼的重视和攀比,女方家里会认为彩礼越多说明男方对自己的女儿越重视,女方以后在男方家的地位会越高,自己在亲朋好友面前也有面子。在同期整群人口中，如果城市的男性婚配需要通过农村女性人口婚姻迁移来解决的话，那么同期农村男性的婚配就会被进一步挤压，婚配困难将更大。中国农村男性婚配富余人口的总量和男性婚配富余比都比城市严重，导致农村男性"光棍"增加，也就是说这对个人、家庭和社会都将产生深远的负面影响。

二、农村男性婚姻压力

传统的中国农村是以个体家庭为生产单位，以体力劳动为主要的生产方式，在这种生产方式下，体力的强弱直接决定了家庭的经济收入状况和生活质量，这种男性体力优势一直在强化着农村家庭的男孩偏好。另外，目前我国农村实行的仍然是以土地保障为基础的家庭养老为主的养老保障制度，农村老人还是主要依靠子女赡养，养儿防老在客观上强化了男孩偏好。我国自古以来的婚姻制度是"男娶女嫁"，要求妇从夫居，多数地区依然遵循着这个制度，对一个家庭来说生男孩就意味着劳动力只增不减。男孩偏好的一大后果就是我国的农村婚姻中，存在着男多女少的结构性矛盾和"男不高攀，女不下嫁"的社会习俗，决定了大多数男方在婚姻上的选择权利相对有限。城市男性在一定程度上有选择独身的自由，和城市的个体化进程不同，农村婚育的传统文化和舆论压力仍然很大。农村家长大多数将完成儿子的婚事、传宗接代视为家庭的最高目标，为此付出再高代价也在所不惜。大量的未婚农村男性出于自身的婚姻需求，甚至会采用买卖婚姻、娃娃亲、换亲、抢亲等违法方式，给社会、家庭、婚姻、伦理带来了不稳定和挑战。

三、家庭代际关系失衡

在男性婚姻挤压日益严重的情况下,高额彩礼给男性所在的家庭带来越来越大的经济压力,有些家庭甚至需要借钱支付礼金。以往父母们在儿子结婚时都会主动给予资助,可现在家庭负担了高额彩礼之后,对于儿子的小家庭的资助额度就会大大缩水甚至完全无力资助。即使资助额度不变,大多数父母给予资助的心态也会发生变化,这都会为两代人埋下相处不和谐的种子。父母为孩子的婚姻承受经济压力甚至负债,但孩子却为了维护小家庭的利益和生活质量,不愿意再履行应尽的赡养父母的义务,两代人之间的投资与回报关系不断失衡,为家庭代际关系和家庭养老埋下了隐患(姚旖,2013)。

第二节 女性就业歧视

一直以来,女性在劳动力市场中都承受着性别歧视带来的影响,应聘、入职、晋升等就业过程中的各个阶段都可能遇到与男性不平等的待遇。女性在社会上遭遇的不平等待遇在一定程度上助长了男性偏好。

一、招聘过程的性别歧视

就业中的性别歧视是指用人单位在录用女性的各环节中,除依法不适合女性的工种或岗位外，以性别为理由拒绝录用或提高对女性的录用标准，从而导致女性丧失平等择业机会的情况。就业性别歧视分为直接歧视和间接歧视两种。直接歧视是指用人单位拒绝录用符合条件的女性，有些单位甚至在招工简章中明确表明"只要男性或者男士优先"，这些用人单位对女性存在着根深蒂固的偏见，片面追求经济利益，法制观念淡薄。我国宪法明确规定男女在政治上、经济上、文化上、社会上和家庭生活等各方面都享有平等的权利，用人单位在招聘中明目张胆地歧视女性，从根本上违反了宪法的精神。

间接歧视是指用人单位虽然在招聘简章中没有明确规定不要女性，但其实在录用过程中暗含着对女性员工的排斥。例如，一个男性和一个女性在相同的条件下应聘，但用人单位优先录用男性，这就是对女性求职者的性别歧视。有些用人单位在录用过程中规定了不合理的性别比例，相同的招聘岗位却对女性要求更为苛刻，比如要求女性应聘者已婚或者已育。还有些用人单位会把女性研究生学历视同男性本科生对待，相同的岗位对男性只要求本科学历，而对女性却要求研究生学历，这些都构成对女性求职者的间接歧视。

缺乏具体的法律条款保护是招聘过程中出现性别歧视的主要原因，我国目前法律保护的是已经与用人单位签订劳动合同或者建立事实劳动关系的劳动者，对于招聘期间还没确立劳动关系时所发生的就业歧视问题不予受理。用人单位拒绝招聘女性主要是考虑女性体力不如男性，不太适合经常加班和出差的工作岗位，女性会因为怀孕、结婚、带孩子等家庭事务给单位带来额外成本等等。被用人单位拒绝的不仅有学历较低的女性，很多女大学生、女研究生也常常因为性别的缘故被用人单位拒之门外。由于缺乏法律依据，在招聘过程中遭受歧视的女性无法主张自己的权利，无法保障合法的平等就业权益。

二、入职后的性别歧视

被招聘入职后也存在性别歧视，入职后的性别歧视是指在同一个工作单位具有相同生产率的员工因为他们的性别不同而受到不同对待。差别对待主要表现在两个方面：一方面是工资待遇的歧视，即用人单位对于同样工作条件、工作岗位的男女员工，支付给的工资待遇不同，男员工的工资待遇要优于女员工。另一方面是职业待遇的歧视，即相同学历、能力的男女员工，用人单位会将女员工安排到职业发展潜力较差、上升空间较小、工资水平较低的工作岗位上，女性员工进入高级管理层比男性员工要困难很多。劳动报酬是社会分配的主要方式，也是我们衡量一个人社会地位的重要指标，我国男性职工的平均收入高于女性职工。此外，女性的预期寿命高于男性，但女性员工的退休年龄却低于男性员工，这也是一种职业歧视。

三、生育歧视

女性承担着孕育生命的功能，这是人类繁衍和发展赋予女性的责任，为此女性要承受男性无法想象的身体和心理考验，这种为孕育新生命做出的牺牲是值得被尊重和优待的。但在职场上却存在相反的现象，不少用人单位会歧视怀孕分娩的女性员工，对孕期女职工采取"调岗减薪"措施，甚至有些用人单位直接在劳动合同或单位内部的规章制度中规定"女职工在劳动合同期内不得怀孕、生育"，如果违反规定就会被辞退。还有些用人单位无视国家劳动法规定的女性产假、哺乳假等带薪假期,肆意侵犯女性员工的合法权益,擅自缩短假期、扣发薪资等情况屡见不鲜。生育保险是国家要求用人单位为女性员工购买的保险,但实际上为员工上生育保险的单位大约只占四成。

四、立法保障力度不够

虽然我国的法律、行政法规和规章制度都对保护女性就业及其职业权益做出了相关规定,但仍存在着法律界定不够清晰、保护范围不够宽泛、保障措施和力度不足、监督制度不完善、用人单位违法成本低、被歧视员工投诉困难大等问题。我们必须清楚地认识到一直以来女性在劳动力市场中所处的劣势地位、由于性别差异而造成的女性就业困难问题、女性平等的就业权益得不到有效保护等,国家应该在立法和方针政策制定方面充分考虑这些问题,为女性高质量就业、获取平等就业权益提供有力的保障。

第三节 生育文化和观念落后

一、传统性别文化

即使中国现在已经发展成为世界第二大经济体,社会现代化程度越来越高,但传统性别文化却依旧存在,通过家庭教育、生活习俗、大众传媒、不合理制度安排等途径对人们的人生价值取向施加影响。人们的生育观念是其人生价值观的体现，所以自然也会受到传统性别文化的深刻影响。在中国传统社会，传统性别文化是传统文化的重要组成部分，其内核是以儒家伦理为主体的男尊女卑的性别价值观念。传统性别文化通过与父系家族主义的接轨来为以男性为中心的家国同构的社会体系服务。传统性别文化本身具有理念化与实用性相结合以及政治性与日常化密切结合的特性，它可以通过多种途径卓有成效地进行传播。因此，历代统治者均通过制订各种法规和政令来推行传统性别文化，巩固和加强男性性别优势在人们心目中的影响和作用。除此之外，民间文化在吸纳儒家学理性教育和宣传之后又通过通俗的口语化进行传播。

历代统治者所制定的针对生育男孩家庭的奖扶政策，以及针对女性财产继承的性别歧视，都促使家庭养成了弃杀女婴的陋习，这种根深蒂固的陋习到了今天还有遗毒残留。政治、经济、法律地位的低下使很多女性产生自卑自贬心态，她们将自己的不幸看作是上天的安排，在认命的同时不希望自己的后代再为女儿身。以儒家的性别伦理思想为主体的传统性别文化是对女性实施精神奴役的重要思想工具，历经数千年的道德调教已经潜移默化地渗透于妇女的生活方式当中，并以约定俗成的文化惯力支配着她们的日常言行。在这种大背景下，妇女对于生育儿子的欲求只会越来越强烈，生儿子既可以巩固自己的婚姻，提高自己的家庭地位，还可以为她们晚年生活提供切实的养老保障，甚至成为她们在精神生活方面的一大寄托。

儒家的性别伦理和生育道德观念，由于与社会大众的日常生活密切相关，其在地方生育文化形成中的渗透程度更强、传播范围更广。

我们时常听到诸如"嫁出去的闺女，泼出去的水""生个丫头赔钱货，生个小子有指靠""死了媳妇换个新，死了儿子断了根"这样的民间俗语，这些都是当地生育文化的反映，其中包含着儒家重男轻女思想的负面影响，加重老百姓在生育活动中以男孩偏好作为性别价值取向的心理倾向，成为生育观念转变的文化阻滞力。

随着社会的进步和时代的发展，人们开始深刻反省传统性别文化中歧视女性的观念成分，但由于思想意识形态相对独立的特性，加上儒家伦理道德在日常生活领域对人们旷日持久的思想影响，仍有很大一部分群体尚未摒弃传统的性别文化和生育文化。

二、现代媒体传播

现代社会中，传统性别文化经常被乔装改扮后通过各种大众传媒呈现，借助消费文化的商业性，对大众具有较大的蛊惑性。以电视广告为例，广告中的女性职业角色有一半以上都是家庭妇女，出现的地点多是在家里，而男性职业角色设定则多为领导和管理者。电视广告中出现的婴幼儿，多半是一些光屁股的胖小子，他们依偎在母亲怀里撒娇，母亲无比享受的表情宣示着无上幸福，这种"早生贵子早得福"的隐喻，对于女性的生育意愿存在诱导，有着男孩偏好的思想道德效应。

非医学需要的胎儿性别鉴定和选择性别的人工终止妊娠，从根本上损害女性的出生权和发展权，但却得到了一些妇女的认可和支持。如何理解这种悖论的发生？一些妇女在认可和支持出生性别选择行为时虽说是情非所愿，带有被威迫利诱下的屈从成分，但其思想意志的不坚定及行为的妥协却也表现出传统性别意识与新儒家文化相互融合后所形成的"新贤妻良母"论对她们的强大渗透力和支配力。这种强大渗透力和支配力乃是基于家庭性别关系倾斜所触发的自卑自贬心理，以致她们不能自觉地、勇敢地捍卫自身的生育自主权。这主要是因为传统文化心理的历史积淀和落后生活习俗的长期熏陶和抑制，使女性比男性受到更多的思想禁锢、心理束缚和身心损害。比如，一些农村家庭中奶奶会比爷爷更加期盼儿媳妇能给自己生下孙子，并且在没能如愿的时候会给儿媳妇施加较大的压力。事物之间总是相互联系和相互作用的，社会大环境中所出现的种种女性边缘化现象肯定会对一些妇女在婚育生活中的性别价值取向产生较大的负面影响。

现阶段，传统性别文化对于女性生育意愿的消极影响和潜在支配绝非在短时期内就能被消除。中华人民共和国成立以来，男女平等在国家宪法和其他法律中虽然已经得到充分体现，但法律条文上的性别平等并不能等同于事实上的男女平等，它需要利用先进性别文化来排除实施过程中的各种现实阻力和习惯性干扰。

第四节 其他社会问题

一、制约社会经济发展

社会经济的和谐发展需要依靠男女合理分工，各方面生产才能有序组织和开展，如果男女比例失调，将直接影响工业、农业、商业及其他产业的发展。我国是以轻工业发展为主的国家,棉纺织业、加工业、手工业、小商品业这些劳动密集型产业大都需要女工,如果女性人口数量逐年减少,这些企业将面临严重的劳动力不足而被迫倒闭。近年来,我国的服务业突飞猛进的发展,而服务业的很多岗位都需要女性劳动力,女性劳动力的减少会影响服务业的发展。我国是农业大国,茶叶、棉花种植产量大,种茶、采茶、拾棉花需要大量的女工,没有充足的女性劳动力,茶叶生产和棉花种植都将受到影响。试想,经济支柱产业深受女性劳动力减少的影响,长此以往,未来的国民经济将会怎样呢?

二、社会犯罪现象增加

随着男性出生人口增加,我国男性劳动力过剩问题会日益突出,男性劳动力就业竞争压力会越来越大,失业的男性数量也越来越多。男性劳动力找不到工作、适婚男性找不到婚配对象,很容易滋生各种社会犯罪现象,如偷盗、抢劫、买卖婚姻、拐卖妇女、性暴力犯罪等,家庭和社会不稳定风险系数不断增大,严重影响社会稳定大局(曾毅,2009;刘利鸽,2014)。

三、异质婚恋形式

好的婚姻需要在婚内形成一种平衡,这种平衡是用夫妻双方的相互优势去换取的。夫妻双方一旦失去平衡,没有共同的价值观,没有共同的语言,没有共同的兴趣,婚姻是很难维系的。一个国家和地区成年且处于婚恋时期的群体中，如果有成百上千万找不到婚恋对象的单身男性人口，无疑会冲击一夫一妻婚姻制度的稳定，会产生严重的婚姻形式变质。当婚姻市场上出现严重的男多女少时，众多男性为了能够找到婚恋对象，择偶的标准就会动态地发生变化，产生多样化的异质婚姻。

今天的现实生活中，老夫少妻的异质婚姻屡见不鲜，在这些婚姻中，肯定有因为真爱而走在一起的，但不可回避的是有很大比例的男子在适婚年龄时没有找到婚恋对象走入婚姻，经过自己多年努力和年龄的增长，积蓄了一定的财富和地位后再以这些优势与青年男子进行竞争，把婚恋对象锁定在喜欢这些优势的年轻女孩子身上，形成老夫少妻的婚姻形式。与此相反，一些丧偶和离异的女性虽然已经上了年纪，但由于适婚男性人口过剩，使她们有了在青年男性中择偶的可能性，形成老妻少夫的婚姻形式。异质婚姻相较于正常婚姻是脆弱的，漫长的婚姻生活也将对异质婚姻提出考验，经不起考验的婚姻双方都有可能成为受害者。

四、卫生事业发展压力

对于艾滋病以及多种性传播疾病的传播，国家势必要投入大量的人力、物力和财力去预防和控制，给卫生部门预防艾滋病和性病工作带来很大的压力。同时，随着男多女少的趋势加剧，大量男性婚配富余人口可能出现心理不健康，甚至出现心理疾病和精神疾病，严重的会选择自杀。如何面对快速增长的巨大心理疾病群体，是卫生事业发展将面临的一个巨大挑战。

第六章　治理双重性别比失衡问题的对策

出生性别比失衡和婴儿死亡性别比失衡的治理是非常复杂的事情，因为性别比失衡不仅仅是本身呈现出来的人口结构问题，还会因此带来很多严重的社会问题。性别比治理的根本是改变传统的男孩性别偏好，是一个长期的过程，必须要坚持系统治理、依法治理、综合治理和源头治理，要坚持标本兼治。

第一节　性别比失衡治理

一、形成先进性别文化

先进性别文化是相对于传统性别文化而言的，先进性别文化是要与社会发展相适应的，有利于性别平等、公正、和谐生存与发展的性别文化。为实现生育自主权和提高生育文明素质，就要通过先进性别文化去引导妇女及其家庭，推动她们彻底消除和完全摆脱传统性别文化对生育意愿的消极影响和潜在支配。性别文化的推动自古以来都要靠法律，现代性别文化也不例外，通过法律引导先进性别文化的发展方向（谭琳，2010），促进性别平等观念的全面确立与实践，从理念和社会习俗与制度上真正实现男女的生理性别平等、心理性别平等和社会性别平等，构建男女平等的价值主体（李少群，2016）。

二、转变生育观念

传统的重男轻女、传宗接代的生育文化和观念亟待转变。基础教育的普及是转变生育观念的一个长期有效措施，尤其要提高女性的受教育程度，通过对一代又一代人的教育，让他们摒弃糟粕的生育观念，树立性别平等的意识，形成科学的人生观和价值观。社会经济的发展是消除男女比例失衡的物质基础，当人们的生活水平提高、不用担心自己的养老问题，很多家庭就会自然淡化孩子的性别问题。还需要通过多种渠道和方式，让老百姓清晰地认识到男孩偏好给个人、家庭以及社会带来的严重问题，常言道"无知者无畏"，让他们知道危害的存在及其严重性，会让一些遵纪守法、循规蹈矩的家庭望而生畏，继而转变观念。文化是一个区域个体观念的集结，当大多数家庭转变了自己的生育观念后，当地的生育文化自然就会被净化。

三、调整生育政策

任何一项政策的实施都可能有利有弊，我们在生育政策调整时应该遵循趋利避害、两利相权取其重、两害相权取其轻的基本原则，把眼光放长远，全面衡量和科学估算政策对人口规模和结构产生的影响和效应（邬沧萍，2000）。

1. "全面二孩"政策实施效果评估

实施"全面二孩"生育政策对我国人口政策调整意义重大，拓宽了政策性生育的选择空间，有益于人口的生态优化和均衡发展。虽然"全面二孩"政策已经全面实施，但从目前"全面二孩"的实施效果来看并不理想，对生育行为的影响要远小于预期。为了及时、科学地调整生育政策，我们应该适时地对"全面二孩"生育政策的实施效果开展客观、科学的监测和评估，评估结果作为计划生育政策是否放开或者何时放开的依据。

2. 奖励生育女孩政策

"全面二孩"政策的有限正向效应确实正在释放，但从我国的低生育率和双重性别比失衡程度来看，我们更应该为已经悄然形成的内生性低生育趋势居危思破。在国家做出放开计划生育政策的决策之前，可以借鉴印度的经验，在我国农村实施奖励生育女孩政策，对农村生养女孩的夫妇给予一定的生育奖励。此举既可以缓解性别比失衡现象，又可以加速改变根深蒂固的"重男轻女""传宗接代"等传统观念。因为多数家庭选择生男孩是因为他们认为生男孩的收益更大，但随着社会上男性人口增多，出现男女比例失调，婚姻市场上男性对婚姻的需求大于供给，男方家庭需要支付高额的彩礼，人们就会意识到生女孩的"高收益"。再加上政府给予的经济奖励，当生男生女的得益趋同的时候，就会出现男女性别的再次平衡。

3. 鼓励生育政策

一个国家要想保持人口健康发展，采取的人口政策就需要科学的动态调整，政策的滞后会带来不可弥补的损失。在经过一段时期奖励生育女孩政策的实施，达到出生人口性别比趋于平衡的时候，就应该考虑取消计划生育。因为我国已经进入低生育陷阱，发达国家和东亚国家的实践证明，只有通过鼓励生育政策才能控制生育率进一步下降，但基本无法恢复到世代更替水平。基于我国情况的复杂性，可以选择分两步走，首先让居民实现生育自由，监测政策的刺激效应和生育率的变化，如果有效则可以在一定的时期内稳定实施；如果效果不明显或者无效，那么就要适时制定鼓励生育政策。

四、进一步严厉打击"两非行为"

目前在人们观念尚未根本改变之前，要下大力气治标，加大整治"两非"工作力度，为治本创造条件和赢得时间。性别鉴定给违法分子带来的是暴利，几万元的罚款、一年半载的牢狱起不到打击震慑作用。国家应该加快立法进度，制定并完善打击"两非"行为的相关法律法规，明确刑事责任、犯罪主体和定罪量刑，提高从事"两非"违法行为者的违法成本，包括经济处罚和刑事处罚，加大处罚和打击力度。同时，建立违法前科人员数据库，将这些从事"两非"行为的有关人员纳入社会征信黑名单，让他们无处藏身，在社会交往和生活中处处受阻。

打击"两非"行动，一直作为治理性别比偏高的最直接的利剑，但这把利剑却不是常常出鞘的，要将中央综治办、卫健委、公安部、工商总局等多个部门联合打击"两非行为"常态化，不给他们喘息的机会。对影响出生性别比偏高的技术性手段，要从源头抓起，从生产环节抓起，改变现在头痛医头、脚痛医脚的被动局面。一是建立使用登记和报告管理制度，包括B超、终止妊娠药物都需要常规登记，管理部门定期进行监管和清查，发现问题及时处理。二是严格实施终止妊娠报告审查制度。三是严格实施婴儿死亡报告制度。

随着内地打击"两非"行动的加剧，违法分子又将手伸向了境外。一些非法机构，为内地孕妇抽取静脉血样，送往境外进行胎儿性别鉴定，这就是"寄血验子"。"寄血验子"近年来已经形成了一条非法牟利的地下产业链，国家应该予以严厉打击，在广告、中介、采血、检测、运输和出境等重点环节进行联防联控。工商和网络信息监管部门要严查各类网站，禁止投放性别鉴定相关的广告帖子，搜索引擎类网站通过技术手段屏蔽网上涉及胎儿性别鉴定的广告信息。卫健委禁止医疗机构为"寄血验子"的孕妇提供抽血服务，一经查到应按非法行医处理。交通运输部和海关部门各自管控自己的环节，让血样无法运到境外去。

五、改善女婴的生存状况

运用"2015倒计时"影响分析模型分析政策、经济、社会、技术和环境因素对妇女儿童生存状况的影响（图39），特别是女婴所处的生存状况。从喂养、预防保健、疾病筛查、系统管理等多个方面保障女婴的存活率，让孩子们能够健康成长。

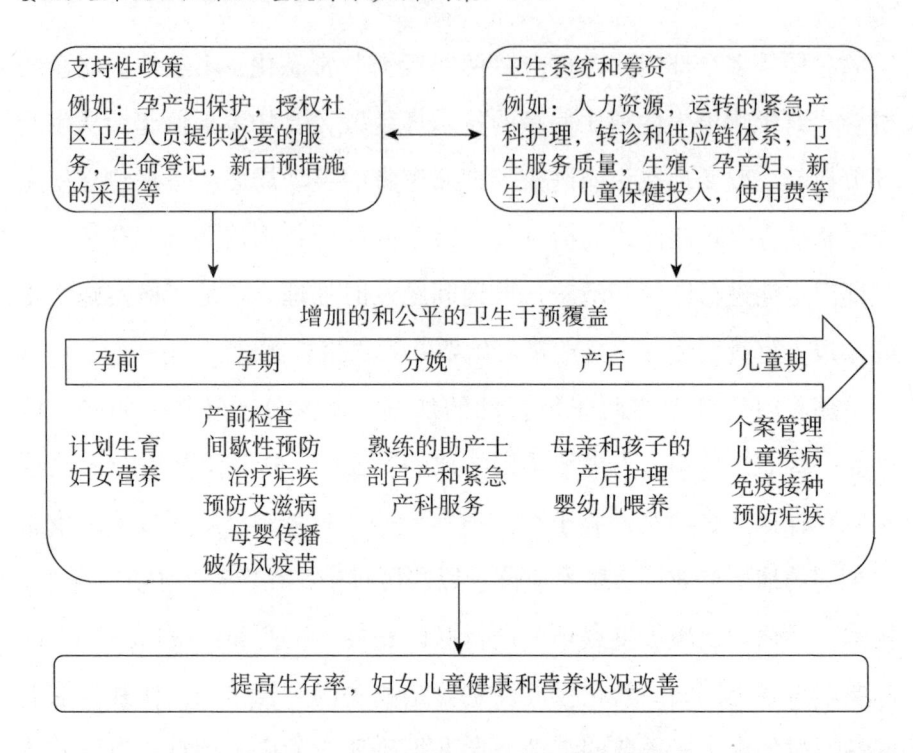

```
┌─────────────────────┐        ┌─────────────────────────┐
│ 支持性政策          │        │ 卫生系统和筹资          │
│ 例如：孕产妇保护，  │◄──────►│ 例如：人力资源，运转的紧急产 │
│ 授权社区卫生人员提供必要的服务，│ │ 科护理，转诊和供应链体系，卫 │
│ 生命登记，新干预措施│        │ 生服务质量，生殖、孕产妇、新 │
│ 的采用等            │        │ 生儿、儿童保健投入，使用费等 │
└──────────┬──────────┘        └────────────┬────────────┘
           │                                │
           ▼                                ▼
┌─────────────────────────────────────────────────────────┐
│              增加的和公平的卫生干预覆盖                 │
│ ┌─────────────────────────────────────────────────────┐ │
│  孕前    孕期      分娩       产后       儿童期        │
│                                                        │
│  计划生育 产前检查  熟练的助产士 母亲和孩子的 个案管理  │
│  妇女营养 间歇性预防 剖宫产和紧急 产后护理   儿童疾病  │
│          治疗疟疾   产科服务   婴幼儿喂养   免疫接种  │
│          预防艾滋病                         预防疟疾  │
│          母婴传播                                     │
│          破伤风疫苗                                   │
└────────────────────────┬────────────────────────────────┘
                         │
                         ▼
           ┌─────────────────────────────────┐
           │ 提高生存率，妇女儿童健康和营养状况改善 │
           └─────────────────────────────────┘
```

图 39 "2015 倒计时"影响分析模型

六、关爱女孩行动

《关爱女孩行动国家实施方案纲要》是国家层面的纲领性文件，提出以"改善女孩生活环境，最终实现人口出生性别比的自然平衡，促进性别平等和社会和谐发展"为目标，以"约束控制、利益引导与制度保障相结合，政府行政资源和 NGO、公民社会相结合，注重与人口、经济、社会宏观环境的变化相联系，致力于自主创新"为原则，形成了"三个阶段 + 三个机制 + 三个层次 + 三个模块"的战略规划，将"关爱女孩行动"扩展和深化为政府、社会、公民共同参与的大型社会行动。关爱女孩行动对于改善女孩生存环境很有促动，但覆盖面和范围还不够广,建议将关爱女孩行动作为一项政策策略纳入各级政府的公共政策体系,各级财政为关爱女孩行动工作设立专项经费,形成多部门融合的公共政策,共同推动女孩合法权益的实现。

第二节 人口老龄化的应对措施

随着人口老龄化进程的加快,需要各级政府把养老工作摆在经济社会和民生工作优先发展的位置,将社会养老服务体系建设列入"为民服务实事"重点推进,出台系列支持养老服务业发展的政策措施,促进养老服务产业得到快速发展。大力发展老龄服务事业和产业,积极推进老龄战略对策体系、老年健康支持体系、普惠型养老服务体系、线上线下协调养老、老龄社会孝文化建设,从制度、物质、文化、组织、精神等方面做好应对人口老龄化挑战的各项准备,逐步优化老年人生活环境,培育壮大养老产业,完善医疗养老保障,丰富老年人精神文化生活,是应对老龄化社会的必然选择。

一、老龄战略对策体系

1. 健全机制,大力发展老龄服务事业

健全规划引导机制和工作推进机制。各级党委和政府要高度重视,切实加强老龄工作,真正把老龄事业纳入重要议事日程,纳入城乡经济社会发展总体规划和年度计划,列入政府为民办实事项目,及时研究部署,明确发展目标,抓好责任落实。进一步完善党政主导、老龄委协调、部门尽责、社会参与、全民关怀的大老龄工作格局，创新体制机制，引导社会各界力量兴办老龄事业，弘扬中华民族尊老、敬老、助老的优良传统，夯实老龄事业发展社会基础，形成老龄事业发展新局面。进一步完善适老性的公共设施、服务设施、医疗卫生和文化设施建设，城乡建设规划要考虑和适应老龄社会需求，改造无电梯的多层楼房，建设老年宜居环境。

2. 大力发展养老养生产业，鼓励多元化养老实体

打造养老养生产业链。鼓励有资源的省份发展养老健康文化旅游服务产业，依托区域内医学科研、教育和医疗资源优势以及医药、器械、健康食品等健康制造业企业，打造完备高效的养生养老产业链条。鼓励和支持区域内普通高等和中等职业院校增设老年服务与管理等相关专业，加快培养老年服务管理、老年医学、医疗保健、护理康复、营养调配、心理咨询等方面的专业人才培养和专业研究；鼓励健康服务和制造企业开发和生产养老服务产品，积极探索和打造从专业研究、人才培养等上游养老产业问题，到医疗保健、老年照护、生活服务等中游的养老平台建设，再到下游的养老服务产品生产的高效完备的产业化养老健康服务产业链，带动区域内养老产业的健康有序发展。

鼓励和支持高端养老综合体。养老服务综合体是集合了养老院、医院、购物中心、食品基地、酒店、学校、公园、公寓等多种功能性设施于一体，以养老养生为主体，满足养老需求的一个建筑群体。养老服务综合体是一个新兴事物，其具体发展运营模式各地都在探索。充分利用沿海城市良好的环境优势，在税收减免、土地使用、财政补助等方面予以倾斜，积极吸引鼓励大财团、大企业投资发展养老服务综合体，提升养老服务的质量和品牌；大力支持高端养老服务综合体

项目建设，满足高端养老群体的个性化需求。

　　加快发展民办养老机构。进一步加大对民办养老机构的扶持力度。一是财政补助政策方面，要鼓励营利性养老机构发展，营利性与非营利性养老机构要一视同仁，享受同等的财政补助；同时，要整合补助资金，减少或取消建设补助，大幅提高运营补助，激励养老机构多养老人，变"补床头"为"补人头"。二是土地政策方面，民办非营利性养老机构应与公办养老机构享受相同的土地政策，可以依法使用国有划拨土地或农民集体所有土地；营利性养老机构建设用地，在按照国家相关规定的同时，优先保障供应。三是税费政策方面，要严格落实好各项税费减免政策，用电、用水、用气、用热按居民生活类执行，有线电视免入网费并减半缴纳维护费，尤其是对租用厂房、商业用房等开办的养老机构，要按实际使用情况而不是原房屋性质给予税费优惠。对于由民营企业供热、供气的，财政应通过给予企业一定补助的形式促其落实政策。对于消防收费，应及时与有关部门沟通，争取给予优惠政策。四是融资政策方面，探索设立发展养老服务业专项融资基金，鼓励政策性担保机构对符合条件的养老服务提供小额贷款担保，对贷款利息进行贴息补助。

　　分类指导，完善就业政策，提高养老产业的吸引力。首先，在政策上应从税收、贷款等方面给予养老产业发展更多的财政和金融支持，打造良好的外部环境。其次，针对农村老年人经济收入相对较低的情况，通过增加福利待遇、提高医疗保障等措施增强工作岗位对于老年人尤其是农村老年人的吸引力。最后，在老年服务业发展的过程中，开发相关政策吸引劳动力向养老产业转移，通过培训等方式鼓励劳动力用新的服务方式、新技术和新业态加入服务行业，充实养老产业的劳动力数量，并提高老年服务的整体质量。

3. 发挥老年人的智慧，鼓励老有所为

鼓励受教育时间长、具有较高文化水平和科技知识的脑力劳动者以及低龄健康老年人重返劳动力市场，可以增加人力资源供给，促使老年人口由消费性人口向生产性人口转变，从而降低人口老龄化的经济成本。充分发挥老年人的潜在力量，已被视为人口老龄化的国际性对策。为促进老年人的再就业，发挥老年人的智慧，政府需进一步加大宣传力度，营造社会氛围，促进老年人对再就业相关政策的了解，同时通过与相关产业、机构等的有效沟通，及时发布适合老年人再就业的岗位信息，真正做到老有所为。

课题组调查结果显示，经济要素已成为老年人口尤其是农村老年人口选择再就业的首要因素。适度提高适合老年人再就业的有关产业，如老年家政服务业、养殖业、种植业、饮食业、咨询服务业以及教育业等的福利待遇、医疗保障等，缓解老年人的经济压力，是促进老年人再就业的有效途径。

二、老年健康支持体系

1. 加快发展老年医疗卫生服务，提高老年人的健康水平

为满足老年人医疗需求的增长，特别是老年慢性病的医疗需求，提高老年人的健康寿命，医疗资源需要进一步开发、整合和合理配置。鼓励有条件的医院积极兴办老年病专科医院、老年护理院和老年康复院，设立老年病门诊或老年护理专科。充分发挥社区卫生服务中心和社区卫生服务站的功能，做好老年人慢性病管理和健康生活方式倡

导，为生活自理能力不足的老人和高龄老人提供上门诊疗和护理服务、设立家庭病床等。加大资源配置力度，提高社区医疗卫生服务能力和水平，加快乡镇卫生院、村卫生室改造步伐，提高基层医疗卫生服务质量，为老年人提供便捷、安全、有效的就近医疗条件。

构建医养结合型养老护理模式。老年人的特殊生理、心理需求促使养老服务应以医疗卫生与养老服务相结合为推手，推动医养融合发展。全国政协2014年9月协商座谈会就积极推进医养结合型养老护理模式建设提出意见和建议，指出推动医养结合进社区是医养结合发展的主要方向。各地政府和职能部门要促进医疗卫生资源广泛进入养老机构、社区和居民家庭，卫生管理部门要支持有条件的养老机构内部设置医疗机构，促进医疗机构和养老机构的资源整合。同时，医疗机构要积极支持和发展养老服务，有条件的二级以上综合医院应当在国家和地方政策允许下增设老年病科和老年护理病房，适当增加老年病床数量，做好老年慢性病防治和康复护理。

2. 完善老年医疗保障服务体系，提高老年人的医疗保障水平

研究制定优待老年人的医疗保障参保措施，减少城乡老年居民的缴费额度，提高老年居民的报销比例，鼓励有条件的村集体或社区给予老年人参保和报销补贴。逐步实现医疗保险市级统筹，逐步提高住院费用报销比例，扩大和提高门诊费用报销范围及比例。尤其完善城镇职工医疗保险的门诊统筹制度，实现门诊医药费用的统筹报销。探索建立城乡医疗保险制度有效衔接、合理互通的运行机制，增加政策灵活性和可选择性。完善医保报销制度，解决老年人异地就医结算问题。

适时调整医疗保险用药、诊疗项目、医疗服务设施目录，提高老

年人医疗保障水平。拓展纳入医疗保险报销范围，增加老年人常见、多发慢性病病种。简化老年人慢性病诊断及确诊流程，提高慢性病门诊报销额度。将老年人健康体检纳入医疗保险范畴，扩大医疗康复报销项目，鼓励老年人定期体检，促进失能或半失能老年人通过康复提高健康水平。

开发长期医疗护理保险，减轻老年人医疗负担。长期医疗护理保险是对城镇职工（居民）基本医疗保险的参保人因年老、疾病、伤残等导致人身某些功能全部或部分丧失，生活无法自理，需入住医疗护理机构或居家接受长期医护照料的相关费用给予相应补偿。为减轻老年人医疗负担，全面施行长期医疗护理保险，保费主要通过调整基本医疗保险统筹金和个人账户结构进行筹集，财政根据基金使用情况给予补助，用人单位和个人不需另行缴费。

适度放宽医保定点审批条件，支持医养融合发展。老年养护机构主要为失能、半失能的老年人提供专门服务，重点实现生活照料、康复医疗、护理、紧急救援等功能。鼓励在规模较大的养老服务机构内设置护理院，有条件的可以申请设置康复医院等医疗机构；规模较小的养老服务机构可与周边医院、基层医疗卫生机构合作开展医疗服务，实现资源共享。对医养结合式养老机构优先纳入医疗保险定点范畴，简化审批程序，使医保政策适合养老的特点。适当降低养老机构内部设置医疗机构纳入城镇职工（居民）医疗保险、新型农村合作医疗定点范围的条件，医保部门可以适度加强监管力度。

3. 积极推进老年康复护理业发展

积极推进老年康复护理机构的发展，主要为失能、半失能、失智的老年人提供专门服务，重点实现康复医疗、护理、生活照料等功能。

鼓励在规模较大的养老服务机构内设置护理院，有条件的可以申请设置康复医院等医疗机构；规模较小的养老服务机构可以与周边医院、基层医疗卫生机构合作开展医疗服务，实现资源共享。鼓励和引导基层医疗卫生机构转变服务模式，主动为长期卧床、70岁以上和独居等行动不变的老年人提供上门服务，开设家庭病床。

4. 鼓励医护院校开设医养结合型老年护理专业

人口老龄化的发展在导致劳动力数量可能稀缺的同时，也促进了人力资源市场需求结构的调整和变化。为此，国务院出台了《关于加快发展养老服务业的若干意见》，明确提出"积极推进医疗卫生与养老服务相结合"方向。各省也制定了关于加快社会养老服务体系建设的意见，明确将"提升养老服务队伍专业化水平"作为加快社会养老服务体系建设的重点任务之一。因此，针对人口老龄化所带来的老年人口需求增多与养老服务人员短缺之间的矛盾，一方面，需积极努力在医护院校增设医养结合型老年护理、管理等专业，加快培养老年护理、老年服务管理、老年医学、医疗保健、护理康复、营养调配、心理咨询等方面的专业人才，重点培养复合型、应用型专业人才；另一方面，加强现有老年护理人员的专业培训，推行职业资格认证制度，逐步提高他们的职业能力和综合素质，并积极改善养老护理员的工作条件和工资福利待遇。

三、普惠型养老服务体系

1. 建立完善养老保障体系，提高老年人的养老保障水平

完善城镇职工基本养老保险制度。稳步提高企业退休人员基本养

老金标准，确保各类保障对象养老保险待遇按时足额发放。严格执行《社会保险法》，不断扩大城镇职工社会保险覆盖范围，推动社保基金征缴管理工作法制化，确保各类企业按时足额为职工缴纳养老保险，尤其加强对进城务工人员基本养老保险制度的落实。积极推动机关事业单位养老保险制度改革，缩小养老保险待遇差距；制定时间表，稳步推迟职工退休年龄；实现城乡居民养老保险制度的一体化和全覆盖。将新型农村社会养老保险制度与城镇居民社会养老保险制度合并实施，建立居民基本养老保险制度。各级政府要加大财政投入，逐步提高城乡居民基础养老金水平，有条件的村集体或社区也可增发居民养老金。

加大宣传力度，调动城乡居民缴费积极性，提高其缴费额度。一方面，调整宣传角度，增强对参加养老保险制度获益的宣传。例如重点宣传各级政府对居民缴费的补贴，多缴多补，多缴多得。有条件的村集体可对参保居民给予缴费补贴，提高农民缴费的积极性。其次，创新宣传方式。城市社区居委会和农村村委会要通过多种形式加大对居民养老保险制度的宣传力度，通过发放"明白纸"和"致城乡居民一封信"等宣传材料提高居民知晓度；各级管理部门可以对新农保和城镇居民养老保险工作人员组织专门培训，并定期走进城乡社区进行现场咨询和解答。再次，也要重视对城乡居民养老保险缴费义务的宣传。由过去侧重宣传农民在新农保中的权利，调整为侧重宣传农民应履行的义务。如按年缴费的义务、累计最低缴费不少于15年的义务、父母满60周岁没有缴费要领取基础养老金的，符合参保条件的子女应当履行缴费的义务等等，连续在主要报刊和电台等媒体上对有关政策进行解读。

建立企业年金制度和商业保险辅助养老保障制度。鼓励有条件的企业为职工建立企业年金制度，提高职工退休金水平。鼓励商业保险公司开发与养老相关商业保险产品，为老人提供多样化、多层次、规范化产品和服务。商业养老保险是以获得养老金为主要目的的长期人身险，作为对社会养老保险的有力补充，能够有效提高养老生活质量。现在主要的问题是人们的意识还不到位，需要加大宣传推广力度，提高人们的认识程度。老年人意外伤害保险主要是参保老年人在公共交通工具、公共服务场所、为老服务单位发生意外伤害时，保险公司将给予一定数额的赔付。为充分发挥商业保险的作用，需要引导保险公司丰富险种、提高保额，增加险种的吸引力，提高入保率。

2. 大力实施老年人帮扶救助工作，完善老年人社会救助体系

完善城乡最低生活保障制度，优先照顾老年人群及边缘群体。城乡最低生活保障制度发展对象要优先考虑老年人，降低老年人的准入标准，适当考虑低保边缘老年人。进一步完善分类施保的社会救助制度，及时将符合条件的城乡贫困老年人纳入最低生活保障范围，实现动态管理下的应保尽保。

建立健全老年人补贴扶助供养制度。健全完善对老年人，特别是无固定收入高龄困难老人生活补贴制度，将80周岁以上老年人全部纳入补贴保障范围。探索建立养老服务政府补贴制度，为低收入的高龄、独居、失能等养老困难老年人入住养老机构或者接受社区、居家养老服务提供支持。完善生活长期不能自理经济困难老年人护理补贴制度。完善政府供养制度，健全财政保障和自然增长机制，保障农村"五保"、城市"三无"老人基本生活达到当地居民平均生活水平。鼓励村居集体组织对老年人给予多种形式的养老补贴和实行老年人福利

供养。

健全完善临时困难救助制度。对遭遇突发性困难的老年人实施救助；完善养老补助金制度，对无固定收入高龄老人实行养老补助。充分发挥慈善捐助、社会救助的作用，倡导全社会开展帮扶、认养、资助、志愿者服务等多种形式的救助活动，多途径、多方面帮助解决老年人的实际生活困难。

加强公益性养老服务设施建设。重点建设以收养"三无""五保"低收入和失能老年人为主的供养型及护养型养老机构。继续对现有敬老院服务设施进行建设改造，建设水平全部达到三级院标准；以满足"五保"对象入院要求、提高集中供养率为基本目标，加快实施农村"五保"对象集中供养。

建立完善失独和空巢老人扶助制度。一是加大失独老人经济扶助力度，各地根据经济发展水平适时提高失独老人扶助标准，同时放宽"失独父母"领取扶助金的年龄限制。二是要更多地关注对失独和空巢老人的精神慰藉，应建立失独和"空巢"老人心理医生制度。积极与驻地大学取得联系，引进专业人员帮助，或聘请心理咨询师介入，制定"一对一"的心理帮扶制度，对失独和"空巢"家庭开展"一对一"心理危机干预救助和亲情牵手服务，切实解决期心理、生活上遇到的困难和难题，让失独和"空巢"老人在交流中走出封闭。另外，要积极开展基层社区工作者培训，强化他们日常工作中心理慰藉工作的能力。积极动员社会力量，广泛开展"兵儿子""大学生子女"等系列亲情活动，定期上门，经常联系，和老人们聊聊家常，开展亲情慰藉。三是要建立失独和"空巢"老人生活照料制度。如由政府出资购买服务，或是组建相关社会团体或志愿者组织，在经济窘迫的失独和"空巢"老人因住院或其他原因需要有人照顾时，免费为其提供生活照料。建议为失独和"空巢"老人免费安装呼叫系统或紧急呼叫器等装置，方便老人不时之需。可通过楼长、志愿者等组织建立定期上门或电话联系机制，防止老人独自生活发生意外无人知晓。建议社区卫生部门为失独和"空巢"老人提供免费入户巡视、定期医疗服务、定期体检等医疗项目。四是要尽快出台政策，完善失独老人社会养老模式。如失独老人在年老时可享受"五保户"待遇，由国家为其养老送终；入住其他社会养老机构时，应为其降低入住门槛，完善担保人条款细则，取消失独老人入住养老院需要儿女签字这一要求，确保无担保失独老人入住；对于不愿意入住养老机构的失独老人，应提供必要的养老服务补贴和老年护理补贴等。

3. 明确公办养老机构定位，支持农村公办养老机构发展

明确界定公办养老机构的托底保障功能。每个县市区至少建设一所以收养失能、半失能、失智老年人为主的养老机构，政府运营的养老机构要优先保障"三无"老人、低收入老人、经济困难的失能半失能老人，为其提供无偿或低偿服务，绝不能出现因没有床位而无法入住的现象。如有空余床位能够代养社会老人的，也应实行"一院两制"，引进市场主体进行差异化管理。要把服务社会老人的职能交予民办养老机构，避免与市场争资源，造成不公平竞争。

发挥公办养老机构的示范作用。政府目前所设立的公办养老机构主要应发挥引领示范作用，在设施建设、服务提供、人员培训、标准制定等方面走在前面，带动整个社会化养老服务业的发展，当市场成熟时及时退出。

支持农村养老机构发展。对于经济条件较好、市场程度比较发达

的区域,应主要依靠市场调节,大力推动社会化养老机构建设,一般不再新建公办养老机构;新建公办养老机构应主要向贫困落后、市场化程度不高、确需政府托底的区域倾斜,比如偏远农村等。

推进公办养老机构改革。公办养老机构的市场化改革已是大势所趋,应积极稳妥地推动有条件的面向社会提供经营性服务的公办养老机构转制为企业,推动尚未改制和新建的机构公建民营,推动乡镇敬老院整合撤并。对各地规模小、布局分散、条件简陋的乡镇敬老院,应通过合理规划进行整合撤并,采取多元化投资的方式,集中资源建设能够辐射多个乡镇、设施完善的区域性养老服务中心,在供养"五保"老人的基础上更好地为农村老人提供社会化养老服务。

4. 完善老年人住房保障制度,积极探索以房养老

调查过程中发现仍有19%的老年人没有自己的住房,各级政府在实施廉租住房、公共租赁住房等住房保障制度或者进行危旧房屋改造时,应当优先照顾符合条件的老年人。以房养老也被称为"住房反向抵押贷款"或"倒按揭",是指老人将自己的产权房抵押给金融机构,以定期取得一定数额养老金或接受老年公寓服务的一种养老方式。在老人去世后,保险公司或银行收回住房使用权。以房养老能够弥补养老资金短缺,减少对子女的依赖,在国外已是比较普遍的做法,但在我国还是新事物。近年来,北京、上海、广州、南京等地都做过一些尝试,也遇到许多困难,但是,随着老龄化的进一步加剧和人们观念的不断改变,这一模式必然会得到推广。2013年国务院印发的《关于加快发展养老服务业的若干意见》明确提出"开展老年人住房反向抵押养老保险试点"。2014年3月,中国保监会向各人身保险公司下发了《关于开展老年人住房反向抵押养老保险试点的指导意见(征求意

见稿)》，把北京、上海、广州和武汉确定为首批试点城市，开展一些有益的尝试，加强以房养老的正面宣传，使老年人及其家属可以做出客观正确的知情选择，为将来全面推行打下基础。

四、线上线下协同养老

1. 整合完善居家养老服务平台

各地积极拓展民生服务平台中养老服务的领域和范围，规范加盟商加盟方式、收费标准以及管理方式，尽量动员老年人比较信任的小区商铺作为加盟商提供送餐、保洁、保姆、陪医、陪护、日间照料等多项服务。基层组织要做好民生服务平台的宣传工作，在老年人集中的区域通过发放宣传材料、现场讲解、电视电台公益广告等形式大力宣扬民生服务平台的使用方式和服务内容。

2. 运用现代信息化技术，建设智慧养老城市

智能家居是以住宅为平台，利用综合布线技术、网络通信技术、安全防范技术、自动控制技术、音视频技术等与家居生活有关的设施集成，构建高效的住宅设施与家庭日常事务的管理系统。随着社会人口老龄化的加剧以及"智慧养老"概念的提出和推广，老年人将成为智能家居的一个重要的消费群体。政府可与高科技企业联合，将智慧家居引进老年人住宅，让老年人也能享受科技带来的便利，对于提高居家养老服务质量、促进社会和谐具有积极的意义。此外，政府可全面依托现有科学技术和信息化水平，积极探索智慧居家养老、智慧社区养老、智慧机构养老和智慧虚拟养老等模式，推进智慧养老城市建设。

3. 打造医养一体化的智慧居家养老模式

以基本公共卫生服务平台为基础，建立社区老年人健康管理服务平台。开发老年家庭健康包（血压、血糖、血氧测量，睡眠检测，心脏监护等），利用广泛覆盖的广播电视网络以及带蓝牙通信功能的家庭电视机顶盒，居家老人可以每天监测自己的健康状态，实时上传到健康管理服务平台，平台通过大数据分析，将结果上传更新至健康档案，并同时下传到老人家里的电视机，老人可自行了解健康状况。通过政府购买服务和推广宣传方式将新科技引入社区，以家庭为核心、以社区为依托、以专业化服务为依靠、利用信息化手段，对老人的健康数据进行收集，实现数据与民政机构、社区服务机构、医疗服务机构的有效对接，并基于社区网格化管理，为居住在家的老年人解决健康问题以及日常生活的困难，使社区居家老人获得便捷、专业的照料，打造医养一体化的智慧居家养老模式。

4. 培育居家养老服务组织

根据老年人实际需求，鼓励社会资本创办专业化居家养老服务机构，鼓励医疗、餐饮、零售、家政、物业等企业单位开发特色服务项目，上门为居家老年人提供助医、助餐、助浴、助急等定制服务，不断提高专业化服务水平。

5. 合理发展城市社区日间照料中心和农村幸福院

在现有基础上继续加强社区日间照料中心和农村幸福院的建设，尤其重视老年人集中的老城区和农村。同时要以辐射、服务一定范围或老年人口为依据，合理规划建设，一些比较集中的社区可以2~3个社区建一个，避免"一刀切"，从而提高利用效率、减少资源浪费、保证生存发展。

要引导其创新经营方式，拓展服务范围，在保证提供各种免费服务项目的基础上，合理增加餐饮、保健、文化、娱乐等有偿服务项目，满足多层次需要，弥补日常运转资金缺口。积极吸引社会资本通过公建民营等形式发展日间照料中心和幸福院，尤其要鼓励大型养老机构参与建设经营，形成以养老机构为龙头、日间照料中心和幸福院为支点的连锁式服务网络。

6. 鼓励多种形式的互助养老

在健全社会养老保险机制的同时，鼓励县市区探索各种互助养老模式。例如，为有条件的老年人搭建网络互助蜂巢养老模式，老人通过线上、线下交流，由线上互动促成线下互助，自愿建立老人互助支援体系，使"空巢"老人变成"蜂巢"老人。再如志愿服务模式，可以采用类似于银行的运营模式，以社区为单位，激励社区居民为其他老人提供无偿服务，将等量的服务时间存入个人所持的"时间银行"卡上。当作为志愿者的"存储人"需要社区提供养老服务时，就可以提取相应的时间，以获得无偿服务。志愿服务并不是无偿的公益行动，而是有偿的，是以服务换服务，自己储存的服务时间不但可以支取给自己使用，也可以给自己的直系亲属使用。志愿服务模式是以社区卫生服务中心为实施主体，探索医养结合进社区的一种新途径。

五、老龄社会孝文化建设

加强孝道文化建设，构建与社会主义市场经济体制相适应的新型社会主义孝道文化，加强法制建设和公民道德建设，以法促孝、以德促孝，保证孝道文化功能的充分发挥。比如，通过道德约束及道德模范典型树立等方式，对不孝子女给予道德谴责、舆论监督甚至惩罚，而对优秀出色的赡养老人的典型以及和谐相处的家庭给予精神上的激励和物质上的奖励，从而形成争做尊老敬老典范的和谐氛围。山东省的朱家村有一条规定，所有子女必须对老人进行赡养义务，规定除关心关爱老人外，每年每位子女至少给父母1000元赡养费，可多不可少，并对这个规定的执行情况通过公示的形式接受村委会及公众的监督。这一措施对当地老人赡养方面所起到的道德约束效果明显，值得推广。

其次，要消除基于年龄的任何歧视，正确认识老年人的价值、能力和潜力，树立新的老年人正面形象，建立与现代老年人价值相符合的老年社会观。通过文化及道德建设，塑造"年龄平等、共同参与、和谐共存、互助成长"老龄社会观，为构建代际共建、共享、共融的和谐老龄社会提供精神支持。

参考文献

[1] 陈宁姗，Audibert M, Mathonnat J 等. 社会经济发展对中国各省婴儿死亡率的影响 [J]. 卫生经济研究，2003（2）.

[2] 陈卫，翟振武. 1990 年代中国出生性别比：究竟有多高？[J]. 人口研究，2007（5）.

[3] 陈星宇. 高额彩礼在农村婚嫁中的影响 [J]. 改革与开放，2014（24）.

[4] 国家卫生和计划生育委员会. 2016 中国卫生和计划生育统计年鉴 [M]. 中国协和医科大学出版社，2016.

[5] 李鸿斌. 中国婴儿死亡率发展趋势研究——动态数列分析法的应用 [J]. 中国人口科学，2013（6）.

[6] 李少群. 中国性别文化的历史演进与当代建构 [J]. 中国文化论衡，2016（1）.

[7] 李树茁，韦艳，姜全保. 中国的女孩生存：历史、现状和展望 [J]. 市场与人口分析，2006（1）.

[8] 李树茁, 陈盈晖, 杜海峰. 中国的性别失衡与社会可持续发展——一个跨学科的研究范式与框架 [J]. 西安交通大学学报 (社会科学版), 2009 (6).

[9] 李树茁, 韦艳, 任峰主编. 国际视野下的性别失衡与治理 [M]. 社会科学文献出版社, 2010.

[10] 李永芳. 809 例高龄妊娠结局的临床分析 [J]. 广东医学院学报, 2007 (2).

[11] 刘海燕, 刘敬远. 印度与中国的计划生育政策比较 [J]. 南亚研究季刊, 2010 (4).

[12] 刘利鸽, 靳小怡, 费尔德曼主编. 婚姻挤压下的中国农村男性 [M]. 社会科学文献出版社, 2014.

[13] 刘晓莉, 邹丽颖, 陈奕等. 孕产妇年龄对妊娠及分娩结局的影响 [J]. 中华医学杂志, 2014 (25).

[14] 刘扬扬. 论农村高额彩礼的影响及相关法律的缺失 [J]. 法制与社会, 2016 (5).

[15] 罗树生, 王燕, 高军等. 中国 1998～2003 年婴儿死亡率及其相关因素研究 [J]. 中国妇幼保健, 2006 (13).

[16] 谭琳. 略论先进性别文化的构建 [J]. 中共中央党校学报, 2010 (3).

[17] 闻喆, 张丽君. 单独二孩政策实施前后经产妇妊娠并发症和分娩结局的回顾性分析 [J]. 临床和实验医学杂志, 2016 (1).

[18] 邬沧萍. 稳定低生育水平——一个惠及子孙万代的重要战略决策 [J]. 求是, 2000 (20).

[19] 姚旖. 华北农村彩礼现象的原因及影响探析——以河北省河

东村为例 [J]. 法制与社会, 2013 (11).

[20] 余贵意, 周崇恩. 2165例产妇分娩情况分析 [J]. 现代实用医学, 2012 (1).

[21] 曾毅, 顾宝昌, 涂平等. 我国近年来出生性别比升高原因及其后果分析 [J]. 人口与经济, 1993 (1).

[22] 曾毅. 二孩晚育软着陆方案有利于解决我国出生性别比偏高问题 [J]. 社会科学, 2009 (8).

[23] ALEXANDER G R. The Increasing Racial Disparity in Infant Mortality Rates: Composition and Contributors to Recent US Trends [J]. *Obstetric Anesthesia Digest*, 2008 (3): 154.

[24] BALASCH J. Delayed Childbearing: Effects on Fertility and The Outcome of Pregnancy [J]. *Detal Diagn Ther*, 2011, 29 (4): 263-273.

[25] BAYRAMPOUR H. Advanced Maternal Age and The Risk of Cesarean Birth: A Systematic Review [J]. *Birth*, 2010, 37 (3): 219-226.

[26] CARTER F A. Cesarean Section and Postpartum Depression: A Review of The Evidence Examining The Link [J]. *Psychosom Med*, 2006, 68 (2): 321-330.

[27] CATOV J M. Parity and Cardiovascular Disease Risk Among Older Women: How Do Pregnancy Complications Mediate The Association? [J]. *Ann Epidemiol*, 2008, 18 (12): 873-879.

[28] GUILMOTO. The Sex Ratio Transition in Asia [J]. *Population and Development Review*, 2009, 35 (3): 519-549.

[29] HAAVALDERN C, The Impact of Maternal Age on Fetal Death: Does Length of Gestation Matter? [J]. *Obstetric Anesthesia Digest*, 2011

(3): 156.

[30] HERSTAD L. Maternal Age and Elective Cesarean Section in A Low - risk Population [J]. *Acta Obstet Gynecol Scand*, 2012, 91 (7): 816 - 823.

[31] KENNY L C. Advanced Maternal Age and Adverse Pregnancy Outcome: Evidence from A Large Contemporary Cohort [J]. *PLoS One*, 2013, 8 (2).

[32] LUMBIGANON P. Method of Delivery and Pregnancy Outcomes in Asia: the WHO Global Survey on Maternal and Perinatal Health 2007 - 08 [J]. *Lancet*, 2010 (375): 490 - 499.

[33] MACDORMAN M F. International Comparisons of Infant Mortality and Related Factors: United States and Europe, 2010 [J]. *Natl Vital Stat Rep*, 2014, 63 (5): 1 - 6.

[34] MARTIN J A. Births: Final Data for 2013 [J]. *Natl Vital Stat Rep*, 2015, 64 (1): 1 - 65.

[35] QING D. Determinants for High Maternal Mortality in Multiethnic Populations in Western China [J]. *Health Care for Women International*, 2009 (30): 957 - 970.

[36] QING D. The Trends in Maternal Mortality between 1996 and 2009 in Guizhou, China - Ethnic Differences and Associated Factors [J]. *J Huazhong Univ Sci Technol [Med Sci]*, 2015, 35 (1): 140 - 146.

[37] SOHANI V. Advanced Maternal Age and Obstetric Performance [J]. *Apollo Medicine*, 2009 (6): 258 - 263.

[38] WHO and UNICEF, *The* 2012 *Report* [R]. Geneva: WHO

Press, 2012: 8, 14 – 16.

[39] WONG – TAYLOR L. Maternal and Neonatal Outcomes of Spontaneously Conceived Pregnancies in Mothers Over 45 Years: A Review of The Literature [J]. *Arch Gynecol Obstet*, 2012 (285): 1161 – 1166.